SOBRE O ROMANCE SOCIAL
IDEOLOGIA E SIGNIFICAÇÃO EM *CAPITÃES DA AREIA*

Editora Appris Ltda.
1.ª Edição - Copyright© 2024 do autor
Direitos de Edição Reservados à Editora Appris Ltda.

Nenhuma parte desta obra poderá ser utilizada indevidamente, sem estar de acordo com a Lei nº 9.610/98. Se incorreções forem encontradas, serão de exclusiva responsabilidade de seus organizadores. Foi realizado o Depósito Legal na Fundação Biblioteca Nacional, de acordo com as Leis nos 10.994, de 14/12/2004, e 12.192, de 14/01/2010.

Catalogação na Fonte
Elaborado por: Dayanne Leal Souza
Bibliotecária CRB 9/2162

R484s
2024
	Ribeiro, Leandro Lima
	  Sobre o romance social: ideologia e significação em Capitães da Areia / Leandro Lima Ribeiro. – 1. ed. – Curitiba: Appris, 2024.
	  149 p. : il. ; 23 cm.
	
	  Inclui referências.
	  ISBN 978-65-250-7054-4
	
	  1. Romance social. 2. Capitães da Areia. 3. Jorge Amado. I. Ribeiro, Leandro Lima. II. Título.
	
	                                                    CDD – B869.93

Editora e Livraria Appris Ltda.
Av. Manoel Ribas, 2265 – Mercês
Curitiba/PR – CEP: 80810-002
Tel. (41) 3156 - 4731
www.editoraappris.com.br

Printed in Brazil
Impresso no Brasil

Leandro Lima Ribeiro

SOBRE O ROMANCE SOCIAL
IDEOLOGIA E SIGNIFICAÇÃO EM *CAPITÃES DA AREIA*

Curitiba, PR
2024

FICHA TÉCNICA

EDITORIAL	Augusto V. de A. Coelho
	Sara C. de Andrade Coelho
COMITÊ EDITORIAL	Marli Caetano
	Andréa Barbosa Gouveia (UFPR)
	Edmeire C. Pereira (UFPR)
	Iraneide da Silva (UFC)
	Jacques de Lima Ferreira (UP)
SUPERVISORA EDITORIAL	Renata C. Lopes
PRODUÇÃO EDITORIAL	Bruna Holmen
REVISÃO	Andrea Bassoto Gatto
DIAGRAMAÇÃO	Andrezza Libel
CAPA	Lucielli Trevisan
REVISÃO DE PROVA	Bruna Santos

A Jadson da Silva, Daiana Priscila e João Benício.

Entrego a professores de Literatura um estudo sistemático e categórico sobre a significação em *Capitães da Areia* e, por extensão, sobre o romance social brasileiro da década de 1930. Certamente, depois desta publicação, o conhecimento sobre essa importante obra, quase centenária, será melhor fundamentado. Se apenas um estudante se interessar pelas questões aqui discutidas, terá valido a pena.

Prefácio

A presença de Jorge Amado

Longe do consenso, os mestres da literatura se definem em polêmicas, nas quais argumentos contrários, contraditórios, e, inclusive, incoerentes, dialogam amiúde; Jorge Amado, entre tantos mestres das literaturas em língua portuguesa, certamente, configurar-se assim. Vale lembrar, entre as discussões levadas adiante por ele, encontram-se os temas políticos, por natureza, também controversos; isso posto, vale a pena recordar, brevemente, algumas relações entre literatura e política nos tempos de Jorge Amado, quando, frequentemente, a noção da primeira se confundia com a segunda.

No Brasil, conforme nos vários países explorados pelo capitalismo em que a agricultura não se encontra industrializada, quer dizer, em regime quase feudal, no mínimo três grupos entram em conflito: (1) o campesinato, em busca da propriedade da terra mediante a reforma agrária; (2) a burguesia local, buscando se afirmar diante da burguesia internacional; (3) o proletariado em confronto com a burguesia, quer dizer, de encontro à propriedade privada dos meios da produção, seja na indústria seja na agricultura – isso segundo Leon Trotsky, na célebre teoria da revolução permanente –. Nessas circunstâncias, nada mais justo que a literatura, nos diálogos com a política, reflita tal situação social, ainda por cima quando o autor se insere na encruzilhada daqueles fatores, feito Jorge Amado, nascido em Itabuna, Bahia, em 1912.

Jorge Amado, evidentemente, não foi o único a dialogar explicitamente com a política em sua literatura; vários companheiros de geração, seja na prosa, feito Raquel de Queiroz ou Graciliano Ramos, seja na poesia, tais quais Carlos Drummond de Andrade ou João Cabral de Melo Neto, cuidaram de temas sociais. Além deles, nas gerações seguintes, unidas contra o Golpe Militar de 1964, o tema político permanece; vale lembrar de Inácio de Loyola Brandão, Márcio Souza, Ferreira Gullar. Todavia, concomitantemente, sempre houve escritores que, sem descuidar dos temas sociais, investiram na depuração da linguagem poética; na prosa, convém citar Guimarães

Rosa, quem, praticamente, inventou um registro singular da língua portuguesa, e os poetas visuais Vladimir Dias Pino, Haroldo de Campos, Augusto de Campos e Décio Pignatari, responsáveis pela renovação da poesia brasileira a partir dos anos 1950.

Em vista disso, formam-se, pelo menos, duas tendências marcantes na literatura brasileira, ou melhor, uma cujas prescrições recaem sobre as relações sociais, baseadas, então, na luta de classes, e outra dedicada à depuração, inovação ou, até mesmo, subversão da literatura, concentrando-se, consequentemente, antes no trabalho com a linguagem que na militância política. Essa discussão não se revela simples, pois há numerosas formas de articulação entre consciência política e metalinguagem além das posições extremadas, em que uma exclui a outra; Seraphim Ponte Grande, de Oswald de Andrade, 0, de Inácio de Loyola Brandão, ou Riverão Sussuarana, de Glauber Rocha, primam tanto pela metalinguagem quanto pelo engajamento político. Entretanto, não são raras queixas como as de Augusto de Campos, por exemplo, contra a pressão das ideias políticas sobre a poesia, expressas em vários poemas de sua autoria; em textos sobre Patrícia Galvão, o mesmo Augusto salienta, entusiasticamente, as polêmicas da escritora sobre o romance de vanguarda, levado adiante por ela e Geraldo Ferraz em A famosa revista, e os romances de Jorge Amado, segundo Pagu, em termos estéticos, algo conservadores.

Os debates em torno da literatura de Jorge Amado, contudo, não se resumem às tensões entre engajamento e literariedade; eventualmente, dos pontos de vista de algumas doutrinas identitárias, acusa-se o autor, prematura e inadvertidamente, de machismo e, inclusive, de racismo. Ora isso não precede, revelando, no mínimo, falta de leitura e, até mesmo, incompreensão das obras do autor, pois: (1) quanto ao machismo, Jorge Amado, como poucos, salientou a participação das mulheres na literatura, destacando-as não apenas pela beleza, enaltecendo assim, a cultura brasileira, mas pela sagacidade – Tieta do Agreste –, emancipação – Dona Flor –, capacidade de desarticular costumes morais e normas repressoras – Gabriela –; (2) quanto ao racismo, além de ser Obá de Xangô, Jorge Amado se coloca, certamente, entre os pioneiros da valorização das culturas afro-brasileiras, seja pela presença de personagens negras, devidamente empoderadas, seja pela valorização da religião, culinária, música e dança dos negros brasileiros.

Além do mais, retomando as críticas, algo apressadas, de Patrícia Galvão, mesmo detendo-se no romance tradicional, deve-se reconhecer que Jorge Amado se revela um exímio contador de histórias, desenvolvendo tramas intrincadas; ele deu vida a personagens complexas e fascinantes – muitas delas, bastante originais –; em suas obras, discute-se política, mas também emancipação dos negros e das mulheres. Tudo isso, quando se torna romance, explicita, justamente, trabalho com a linguagem, afinal, tais características, antes de se refletirem na literatura, geram-se nela, mediante o engenho de cada autor.

Isso posto, trabalhos sobre a obra de Jorge Amado, buscando valorizá-la tanto quanto literatura como nos diálogos com a política, tornam-se oportunos; trata-se, sem dúvida, de prezar a cultura brasileira e distinguir a língua portuguesa, reforçando seus discursos no mundo contemporâneo. Em função disso, tenho o prazer de escrever este prefácio, realizando, assim, a apresentação do livro *Sobre o romance social: ideologia e significação em Capitães da Areia*, de Leandro Lima Ribeiro; trabalho baseado em sua dissertação de mestrado, concluída, em 2022, sob minha orientação, no Departamento de Linguística da FFLCH-USP.

São Paulo, agosto de 2024.

Seraphim Pietroforte

Apresentação

Esta obra é uma adaptação de minha dissertação de mestrado *Política, ideologia e direitos humanos em Capitães da Areia: uma abordagem semiótica*, defendida em 2022, na Faculdade de Filosofia, Letras e Ciências Humanas da Universidade de São Paulo (FFLCH-USP). Realizei, no entanto, certos ajustes do ponto de vista da forma e do conteúdo para ser lançada neste livro.

Tentei, ao máximo, trazer aos nossos leitores uma proposta envolvente, com um caráter menos técnico e mais comprometido com a organização da significação de um dos mais importantes romances de nossa literatura: *Capitães da Areia*, de Jorge Amado. Por abordar diferentes questões, como a ideologia, a política, os direitos humanos, a literatura e a semiótica, acredito que este livro possa ser de interesse de diferentes áreas de atuação no campo das ciências humanas e sociais. Por isso, cuidados foram tomados a favor de uma compreensão global do que se propõe.

Nosso leitor não necessariamente precisa ser um semioticista ou ter conhecimento prévio sobre a teoria semiótica. Veja, por assim dizer, ela progredir na análise do próprio texto. Espero ter sido bem-sucedido nessa missão a ponto de não ser necessário a consulta a manuais ou qualquer outro tipo de material de suporte.

Um trabalho dessa dimensão com certeza implica a colaboração de muitas pessoas. E foram muitas as que contribuíram para a qualidade do texto ora apresentado. Entre elas, agradeço gentilmente aos professores Antônio Vicente Pietroforte, Clebson Luiz de Brito, Vagner Gonçalves da Silva, Antônio Dimas, Norma Discini, Luiz Tatit, Waldir Beividas, Ivã Carlos Lopes, Eliane Soares de Lima, Mariana Luz de Barros, Diana Luz Pessoa de Barros, Renata Mancini e José Luiz Fiorin, pelas generosas contribuições que integram diversas partes deste estudo. Não menos importantes foram os apontamentos de Letícia Moraes, Carolina Tomasi e Thiago Moreira que, em momentos decisivos, ajudaram na consistência teórico-metodológica da discussão presente.

Nada disso seria possível sem o apoio da Coordenação de Aperfeiçoamento de Pessoal do Ensino Superior (Capes), por meio do Programa de Excelência Acadêmica (Proex), e do Departamento de Linguística da FFLCH-USP.

À Fundação Casa de Jorge Amado, meus mais sinceros agradecimentos. A disponibilização de um generoso acervo de documentos acerca da obra *Capitães da Areia* foi essencial para este estudo.

Sumário

Introdução 17

Capítulo 1
Os inimigos são os outros 29
  1.1 Malandros e heróis: a invisibilidade e o terrorismo 29
  1.2 Um campo de disputa simbólica: tipologia dos sujeitos 42

Capítulo 2
Os estados passionais... 55
  2.1 O sujeito que sofre: considerações iniciais 55
  2.2 A cólera como compulsão 58
  2.3 O esquema passional canônico 68
  2.4 Os excessos de memórias: em torno e em vista do acontecimento .. 71

Capítulo 3
As encruzilhadas da figuratividade 79
  3.1 O cruzamento e o firmamento de pontos: procedimentos teóricos...79
  3.2 A busca pela diferença: uma questão de esteticismo 83
  3.3 A disposição espacial: o lugar do corpo 94
  3.4 A iconização e a referencialidade 100
  3.5 A ideologia e o projeto político do romance social 106

Capítulo 4
Discurso e enunciação... 111
  4.1 O mecanismo da enunciação 111
    4.1.1 O narrador estrategista.................................... 113
  4.2 As interfaces sócio-históricas 122
    4.2.1 A interdiscursividade e a historicidade do discurso 126
    4.2.2 Intertextualidade e intergenericidade: diálogos e profusões .. 130

Considerações finais 137

Referências 141

Introdução

Esta obra nasce de uma inquietação pessoal acerca da persistência do projeto político de ocultação e/ou desmerecimento da obra amadiana no espaço universitário brasileiro. Basta observar que Jorge Amado, vítima ou cúmplice do imbróglio ideológico no qual o escritor se viu metido, pouco desperta o interesse de pesquisadores e estudiosos do campo da linguagem até os dias de hoje. O fato é que o escritor nordestino, diante dos modelos de análise formal e do comportamento moralista e conservador de nossos intelectuais burgueses, pouco garante estatuto de cidadania acadêmica e, por isso, permanece à margem da intensa produção intelectual, na tradição linguístico-literária, quando comparado aos cânones da literatura nacional.

Não é sem razão que, embora seja um dos autores brasileiros de mais ampla penetração e capilaridades nacional e internacional, nosso sujeito oculto seja abordado em apenas 8% dos livros de Língua Portuguesa e Literatura, indicados e distribuídos pelo Programa Nacional do Livro Didático (PNLD) do Ministério da Educação (Hart, 2019). Esse indicador atesta a limitação de análises que ao longo do tempo destacam e rotulam o romance amadiano como "infertilidade literária", "proselitismo ideológico" e "literatura de pouca qualidade estética e moral", que fraudou sistematicamente a importância e a relevância de obras de maior engajamento social.

Como destaca Eduardo Portella (1972, p. 75):

> Era crítica que lia assistida antes pelo manual de gramática que pelo discernimento artístico, que pela compreensão do fenômeno estilístico verdadeiro. Por isso, não soube entender as intenções que animavam a caminhada do grande rapsodo da Bahia. Essa crítica, na verdade, lia mal. Muito mal, mesmo. E é mais grave ler mal do que não saber ler. Pelo menos, estes não deformam, não mutilam, não ferem a integridade da realidade artística. Não sabe essa crítica que tudo o que se constrói em termos de arte constrói-se violentando o convencional, destruindo o estabelecido.

É que Jorge Amado (Figura 1) colhe na diversidade dos modos de dizer e na manifestação de cores e sabores do povo brasileiro as temáticas e os valores de sua ficção, criando outros enredos possíveis, à margem e da margem dos discursos centralizadores (Abdala Junior, 1993). Nesse sentido, não mede esforços para uma elaboração linguística com profunda identificação não apenas com toda coloquialidade popular enquanto *projeto estético*, mas ainda com os temores e os anseios dos sujeitos que sofrem profundas assimetrias de direitos em contextos de vulnerabilidade social e racial enquanto *projeto ideológico*, para utilizar a cômoda distinção de João Luís Lafetá (2000), muito embora o projeto estético já contenha o projeto ideológico e constitui a historicidade discursiva, como se verá mais adiante. Por isso mesmo, os personagens amadianos são seres de intensas paixões humanas, que sofrem, bebem, fazem amor, encantam-se e desencantam-se com as desilusões da vida e, ao mesmo tempo em que são explorados e tutelados pelos mecanismos de poder, mostram-se autênticos ao articularem soluções e saídas para a disfórica sobrevivência.

Figura 1 – Cartaz da campanha de Jorge Amado para deputado federal (PCB), 1945

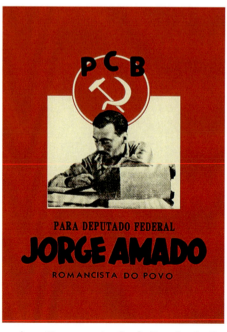

Fonte: Divisão de Pesquisa e Documentação da Fundação Casa de Jorge Amado.

Roger Bastide (1972), no entanto, destaca que o projeto ideológico, tão marcante no neorrealismo regionalista de Amado, é, para além de uma mera posição partidária, um procedimento artístico e estético que inaugura um novo tipo de romance no Brasil, dessa vez construído em torno do homem social, com suas maneiras de ser e dizer, que atua avidamente no centro das contradições de classes. Não há de se negar que essa produção, associada à ávida atuação política do escritor baiano[1], é impulsionada em um cenário mundial de acentuadas disputas simbólicas e ideológicas: fascismo, nazismo, liberalismo, comunismo, socialismo. Nesse contexto, o Brasil assiste, na primeira metade do século XX, ao profundo embate ideológico que se dá entre os discursos autoritários e conservadores da Ação Integralista Brasileira (AIB), que se intensifica com a ditadura do Estado Novo, por um lado; assim como com o surgimento do Partido Comunista e com a atuação da Aliança Nacional Libertadora (ANL), por outro.

Os romances sociais, organizados em virtude de um efeito discursivo específico e em busca da adesão do proletariado brasileiro nascente, pautam as formas de vida, as práticas sociais e os problemas humanos dos grupos marginalizados, mas, sobretudo, opõem-se aos procedimentos e aos valores da literatura burguesa, religiosa e

---

[1] Jorge Leal Amado de Faria (1912-2001) foi um dos maiores escritores brasileiros do século XX. Exerceu, além da atividade de romancista, o cargo de deputado federal (1946-1948) pelo Partido Comunista (PCB), sendo o parlamentar mais votado do estado de São Paulo em 1945. Em seu mandato, promoveu a regulamentação profissional de artistas de teatro, circo e casas de diversão; a Lei de Liberdade Religiosa, vigente até os dias de hoje; a isenção tributária sobre livros; entre outros (Aguiar, 2018). Em 1948, em razão da clandestinidade atribuída ao PCB, Amado, assim como seu amigo Carlos Marighella e demais deputados do 'Partidão', teve seu mandato cassado pela ditadura do Estado Novo, de Getúlio Vargas. Apenas em 2013, a Câmara dos Deputados restituiu simbolicamente seu mandato e dos demais 14 deputados do PCB, em homenagem póstuma. Na adolescência, integrou a Academia dos Rebeldes, grupo baiano de oposição aos modernistas paulistas. Amado publicou 45 livros, entre eles destacam-se *Gabriela, cravo e canela*; *Dona Flor e seus dois maridos*; *Tieta do Agreste*; *A morte e a morte de Quincas Berro d'Água*; *Tenda dos milagres*; e as biografias de Luís Carlos Prestes, *Cavaleiro da esperança*; e de Castro Alves, *ABC de Castro Alves*. Vendeu mais de 25,7 milhões de livros e foi traduzido para 55 países em 49 idiomas. *Capitães da Areia* é seu livro mais vendido, com 5,3 milhões de cópias. É o autor brasileiro mais adaptado para o cinema, teatro e televisão. Destaca-se sua forte relação com o Partido Comunista, sendo considerado o escritor oficial do Partido. Em 1951, recebeu o Prêmio Internacional Lênin da Paz entre os povos, honraria concedida pela União Soviética. Embora acreditasse no socialismo democrático até sua morte, rompeu com o PCB após desagravos que se intensificaram com as revelações de Nikita Khrushchov, durante o XX Congresso do Partido Comunista da União Soviética (1956), sobre os crimes cometidos por Josef Stalin. Em vida foi considerado Obá de Xangô pelo Ilê Axé Opô Afonjá, de Salvador; 'doutor honoris causa' das Universidades de Israel (Israel), Sorbonne e Lumière (França), Dagli Studi e Pádua (Itália), além das Universidades Federais da Bahia (UFBA) e do Ceará (UFC).

espiritualista (Duarte, 1996). Destacam-se, nesse conjunto, *Parque Industrial* (1932), de Patrícia Galvão; *Vidas Secas* (1938), de Graciliano Ramos; *Cacau* (1933), *Jubiabá* (1935) e *Capitães da Areia* (1937), de Jorge Amado. Este último, objeto de nossa investigação, teve 90% dos seus exemplares queimados em praça pública pelo Estado Novo em 1937 (Figura 2), de acordo com apuração jornalística da BBC Brasil (2017). O livro apresenta a vida e as aventuras de crianças e adolescentes abandonadas da cidade de Salvador, conhecidas como Capitães da Areia, que, devido às circunstâncias da orfandade e da desassistência do Estado, encontram na criminalidade e na violência urbana condições e modos de existência.

Figura 2 – Notícia do *Jornal da Bahia*, 1937

Fonte: Divisão de Pesquisa e Documentação da Fundação Casa de Jorge Amado

Lafetá (2000, p. 30) explica os anseios e as preocupações ideológicas da Geração de 1930:

> A 'politização' dos anos trinta descobre ângulos diferentes: preocupa-se mais diretamente com os problemas sociais e produz os ensaios históricos e sociológicos, o romance de denúncia, a poesia militante e de combate. Não se trata mais, nesse instante, de 'ajustar' o quadro cultural do país a uma realidade mais moderna; trata-se de reformar ou revolucionar essa realidade, de modificá-la profundamente, para além (ou para aquém...) da proposição burguesa: os escritores e intelectuais esquerdistas mostram a figura do proletário e do camponês instando contra as estruturas que os mantêm em estado de sub-humanidade.

Como se vê, a ideologia, como visão de mundo ou como ponto de vista de uma classe dominante sobre a interpretação da realidade, reflete nos processos de elaboração aquilo que se convencionou chamar de "romances sociais", "regionalistas", "intencionais", "nordestinos" ou "proletários" da segunda fase do Modernismo brasileiro em conformidade com as ebulições sociais e políticas da época. E a linguagem, inevitavelmente, externa, explana, justifica, interpreta as diferentes visões de mundo, pois é a arena de luta de classes, em que os discursos estão ora em relação de conflito, ora em relação de aliança (Bakhtin, 2009). Mesmo assim, seria imprudente reduzir a configuração política da obra de arte a simples referência a acontecimentos históricos, à relação entre literatura e ideologia, ao papel do autor, à época em que foi produzido e circulado. Isso não significa dizer que essas dimensões não farão parte da análise; pelo contrário, serão analisadas a partir da organização interna do próprio texto, não segundo determinações. Em outros termos, seremos direcionados pela noção de que o horizonte político do romance, como nos orientam Politzer, Besse e Caveing (1954), é depreendido pela oposição efetuada entre os discursos, das relações de contradição entre os projetos estéticos como produto de uma luta de forças opostas. Daí o conceito de historicidade discursiva, como sentido próprio de sua configuração dialética, necessária e indispensável à teoria semiótica do discurso (Fiorin, 2015).

De acordo com Paul Ricoeur (1986), o sentido do texto é depreendido não somente a partir de sua estrutura imanentista, como bem sustentou a análise estruturalista *ad infinitum*, mas também a partir de seus aspectos interdiscursivos e intertextuais, podendo a análise estrutural muito bem contribuir com a análise ideológica. Afinal, entendemos que o texto é, ao mesmo tempo, um objeto de significação e um objeto de comunicação social. Isto é, constitui-se como um produto cultural, "inserido em uma sociedade (de classes) e determinado por formações ideológicas específicas" (Barros, 1999, p. 7). Por isso, esta pesquisa assenta-se, de um lado, no terreno da organização linguística (análise interna ou estrutural do texto) e, de outro, no terreno histórico-social (análise externa do texto).

O objetivo é explicar as estruturas de significação relacionadas às situações de violações de Direitos Humanos[2], desigualdades sociais e exclusão no romance *Capitães da Areia*, de Jorge Amado. Ainda mais claramente, tomaremos como base de análise um conjunto de textos composto por situações de conflitos e condições de crise que se dão entre os personagens marginalizados e a sociedade burguesa brasileira da década de 1930. Ao proceder desse modo, dispomo-nos a enunciar nossa hipótese – mesmo reconhecendo os riscos pertinentes – de que o romance amadiano encontra-se em descontinuidade com o projeto de identidade nacional, construído por meio do discurso literário, segundo o qual o Brasil seria uma cultura fundamentada no princípio de participação (Fiorin, 2009), na celebração da mistura e na harmonia entre raças e classes sociais.

Para tanto, esta investigação está ancorada no empreendimento teórico-metodológico da semiótica discursiva francesa, sem se limitar ao caráter excessivamente ortodoxo dos modelos formais e sem abrir mão do rigor científico necessário à teoria. Escolhemos o escopo da semiótica desenvolvida na Escola de Paris por ser uma proposta de descrição e explicação dos sentidos dos textos verbais, não verbais e sincréticos, de base interdisciplinar, o que a faz uma teoria geral dos sistemas de significação. E de seu variado e múltiplo projeto, privilegiamos quatro dimensões que, conforme sinaliza Bertrand (2003), articulam-se de maneiras bem-sucedidas ao texto literário: a dimensão narrativa, a dimensão passional, a dimensão figurativa e a dimensão enunciativa. Não deixamos de considerar, ainda, os

---

[2] Neste livro compreendemos os Direitos Humanos como um conjunto de direitos básicos e essenciais, inerentes à condição humana, como o direito à vida, à educação, à saúde, à família etc. (Bobbio, 2004). Esses direitos, apesar de necessários e desejados por todos, não foram todos eles garantidos e consolidados, sobretudo quando relacionados a minorias políticas em realidades complexas e desiguais, como a brasileira. Abstivemo-nos propositadamente de qualquer intervenção jurídica por não ser o interesse nesta obra.

fatos de consciência (ideologia, identidade, diversidade etc.), por compreender o universo semiótico como um vasto domínio social implicado a todas as ciências humanas (Kristeva, 1969). Sendo assim, esta proposta alinha-se à problemática da ação, da manipulação, das paixões, da figurativização e da enunciação em uma postura transdisciplinar. Ressaltamos, uma vez mais, que o encaminhamento metodológico, tomando como central as estruturas internas do próprio texto, ancora-se, ainda, nos textos e discursos com os quais a obra em análise dialoga. Poderemos, a partir dessa singularidade, explicar efetivamente o papel que a ideologia desempenha na obra e as forças motrizes históricas que lhe governam a existência.

Herdeira do estruturalismo linguístico, a semiótica postula o texto como correlação entre plano da expressão e plano do conteúdo. Grosso modo, essas duas instâncias relacionam-se diretamente aos conceitos de significante (imagem acústica/suporte) e significado (conceito/sentido), conhecida dicotomia saussuriana e operacionalizada por L. Hjelmslev. Desse modo, no que se refere às argumentações do linguista dinamarquês, "o plano do conteúdo está estruturado de maneira formalmente idêntica (isomorfa) ao plano da expressão: uma substância articulada numa forma" (Bertrand, 2003, p. 164). As consequências teóricas da posição de Hjelmslev foram diversas e essenciais no desenvolvimento da ciência da linguagem. Entre elas, destaca-se a demarcação da semântica estrutural como análise da forma do conteúdo, ou seja, das relações diferenciais subjacentes ao texto.

Greimas, ancorado na teoria do valor de Saussure, formula o plano do conteúdo a partir de um modelo metodológico de etapas que constituem um percurso gerativo da significação, que vai de unidades simples, abstratas e invariantes até unidades concretas, complexas e variáveis, num direcionamento de enriquecimento semântico. Esse percurso organiza-se segundo três níveis de concretização: o nível fundamental, o nível narrativo e o nível discursivo, cada um deles compostos por uma sintaxe (forma de organização do conteúdo) e uma semântica (mecanismos que revestem semanticamente os arranjos sintáxicos).

Esquematicamente, o modelo do percurso gerativo de sentido é o seguinte:

Esquema 1 – Percurso Gerativo de Sentido

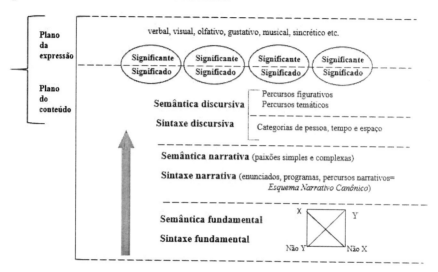

Fonte: própria, adaptação de Pietroforte (2015)

Em primeiro lugar, Greimas recupera as concatenações das 31 funções do conto maravilho russo do folclorista Vladmir Propp (1984) para estabelecer a constituição do "esquema narrativo", compreendido como um conjunto de sucessão de enunciados que sinalizam "recorrências e regularidades que, desse modo, permitem a construção de uma gramática, que é entendida como um modelo de organização e justificação dessas mesmas regularidades" (Greimas, 2014, p. 18). Como explica Barros (2001), a narratividade, estrutura intermediária do processo de concretização do sentido, aponta para as transformações entre enunciados de estados, orientados por um enunciado de fazer, que alteram as relações entre sujeitos e objetos de valor. Hoje, constitui-se como um dos campos analíticos de melhor desenvoltura da teoria, devido à acuidade de seus conceitos e procedimentos e ao grau de reflexão – abrangente e, ao menos, consensual – entre os semioticistas.

Deixadas de lado em um primeiro momento pela teoria, as paixões e os sentimentos humanos definem um campo sistemático e categórico de reflexão que permite compreender a dimensão passional dos discursos (Greimas; Fontanille, 1993). Cabe sinalizar, entretanto, que não se trata de uma mera introdução ao componente patêmico à luz das posturas filosóficas e psicologizantes, mas de um exame dos efeitos de sentido construídos pela linguagem. Apenas assim é possível diagnosticar as compatibilidades e incompatibilidades modais que dinamizam os valores, os projetos e os modos de existência do sujeito apaixonado. Para Fontanille (2002), as paixões devem ser compreendidas como arranjos de modalizações que permitem examinar se a relação do sujeito com o objeto-valor é desejável (*querer-ser*), necessária (*dever-ser*), impossível (*não-poder-ser*), entre outras.

Nessa esteira, os desdobramentos provenientes da noção do Esquema Passional Canônico dão ênfases aos "estados de alma" como dimensão do "ser" ou como arranjos de modalidades existenciais. Trata-se, analogamente às articulações de pressuposição e previsibilidade do Esquema Narrativo Canônico, de uma proposta que se mantém ligada ora aos arranjos modais, endossados inicialmente no quadro geral da teoria, ora às atualizações das tendências tensivo-fóricas, especialmente a partir da proposta fenomenológica de Merleau-Ponty e do desenvolvimento de uma vertente tensiva da semiótica. Isso equivale a dizer que a semântica passional dos discursos representa os diversos modos de existência do sujeito patêmico em virtude das transformações modais que sofre. Tudo nos leva a propor a noção de campo de presença como domínio espaciotemporal em que se dão as entradas, as saídas e os retornos que, ao mesmo tempo, a ele devem seu valor e lhe dão corpo (Fontanille; Zilbeberg, 2001). Discini (2020) diz que esse superdimensionamento permite avaliar as grandezas que adentram ao campo de presença do sujeito da percepção em termos de extensão (dimensão inteligível) e de intensidade (dimensão sensível).

No horizonte da figuratividade, concretizam-se, por meio da distribuição de temas e figuras, os esquemas semionarrativos subjacentes. Com efeito, Fiorin (1988a, p. 19) mostra que a semântica discursiva "é o campo das determinações ideológicas propriamente ditas". Esse argumento reclama especificações por mostrar-se bastante elucidativo. Ora, desde o início da crise epistemológica do estruturalismo na década de 1970, a semiótica foi acusada de recusar o papel da ideologia e das determinações sócio-históricas na construção do sentido. Retém-se, entretanto, que tal crítica acaba resvalando na especificidade do objeto da teoria, o discurso, que pressupõe a noção de sujeito e, por conseguinte, de ideologia (Portela, 2019). Caso contrário – como adverte Trótski (1989) em críticas ao Círculo Linguístico de Moscou (1915-1920) e aos seus principais representantes, Roman Jakobson e Nicolai Trubetzkoy –, estaríamos fadados ao fracasso do objetivismo classificatório e nos alinharíamos simplesmente ao fetichismo formal que lhe governaria as estruturas em detrimento da arte como dependente do meio social.

Não se pense, ainda assim, que o autor marxista desconsidera a importância dos aspectos formais que, apesar de imprescindíveis, mostram-se insuficientes em suas formulações. Todavia, a despeito das exigências entre formalistas e ideologistas, é Bakhtin (1981) quem coloca em prática um acordo tácito entre instâncias da língua que gozam de certa autonomia em relação às determinações e instâncias que sofrem delas profundas consequências.

Se a semântica discursiva interrompe a relativa estabilidade em relação às determinações, a sintaxe discursiva paralelamente marca o domínio da manipulação consciente, em que o enunciador instala, na arquitetura textual, elementos linguístico-discursivos com a finalidade de criar determinados efeitos de sentido. Benveniste (1989) define as categorias de pessoa, tempo e espaço como instâncias da enunciação, por meio das quais se permite o funcionamento do sistema linguístico por um ato individual de fala. Em outras palavras, a enunciação é a instância de mediação entre a língua (virtualidades) e a fala (enunciado-discurso), ou seja, a instância do *eu-aqui-agora*.

Já para Greimas e Courtés (2008, p. 145-146), a enunciação é a "instância linguística logicamente pressuposta pela própria existência do enunciado". Esse aspecto acarreta, necessária e naturalmente, níveis diferentes de composição acerca do "eu": o "eu" pressuposto (enunciador); o "eu" inscrito no discurso como efeito de sentido (narrador); e o "eu" a quem o narrador delega a voz (interlocutor). Para cada um desses níveis, Benveniste mostra a correspondência de um "tu": o "tu" pressuposto é o enunciatário; o "tu" como efeito de sentido é o narratário; e o "tu" do interlocutor é o interlocutário. Com efeito, nenhum "eu" disperso no discurso "pode ser identificado como o sujeito da enunciação propriamente dita: ele é apenas um simulacro construído, sujeito de uma enunciação antiga e citada e, como tal, observável em sua incompletude, em seus percursos e suas transformações" (Bertrand, 2003, p. 93).

Por fim, este é o momento social, econômico e político em que, assim como na década de 1930, mostra-se essencial a compreensão de discursos intolerantes, mentirosos e preconceituosos, sobretudo quando observamos as práticas de fascistização e as crises democráticas que se expandem em todo mundo. Além disso, é evidente a persistência e a atualização das questões sociais levantadas e antevistas em *Capitães da Areia* ao longo de quase um século de circulação.

Referimo-nos sobremaneira às intensas violações de Direitos Humanos no Brasil, em particular de pobres e negros, as principais vítimas da letalidade policial; ao desmonte do Sistema Único de Assistência Social (SUAS) e de suas políticas de erradicação da miséria e da fome; às campanhas de difamação direcionadas ao Estatuto da Criança e do Adolescente (ECA); e, com bastante atenção, ao discurso favorável à redução da maioridade penal e do trabalho infantil como medidas de criminalização da pobreza. Acrescentamos, ainda, que dados da Prefeitura de São Paulo (2021) mostraram um aumento de 31% da população em situação de rua na capital paulista durante os dois primeiros anos da pandemia de Covid-19, que corresponde a 31.884 pessoas vivendo em condições sub-humanas.

Parece-nos oportuno, mais do que nunca, mostrar como esse romance auxilia-nos na promoção e na valorização de uma educação para os direitos humanos. Mais do que isso, considerando a amplitude de nossa proposta teórico-metodológica não em suas fragilidades ou méritos, mas em seu exercício prático de análise e explicação de discursos, esperamos lançar luz à retórica desumanizante e conservadora que sustenta, por trás de sua configuração, violação de direitos básicos e fundamentais.

Partindo desses pressupostos, a presente obra compõe-se de quatro capítulos. Cada capítulo, por sua vez, relaciona-se intimamente com os outros para além de uma organização linear. Porém, mesmo assim, sugiro aos leitores que a leitura seja do começo para o fim. Nos capítulos, procuramos destacar os conceitos da semiótica que, em razão da opção por um breve resgate metalinguístico das principais dimensões de nosso método, passamos à margem ou não foram contemplados, de maneira satisfatória, nos estreitos limites desta introdução. Nos capítulos 2, 3 e 4, pareceu oportuna a elaboração de seções introdutórias para fornecer subsídios teóricos que auxiliem nossos leitores na compreensão das questões propostas, dado que, muitas vezes, mostram-se áridas e ardilosas. No capítulo 1, os conceitos são retomados e desenvolvidos na medida em que se fizerem necessários. Deixamos, por assim dizer, a teoria progredir na análise do próprio texto.

No primeiro capítulo (Os inimigos são os outros), foram abordados os aspectos concernentes à narratividade para explicar a constituição dos Programas Narrativos e, nesse sentido, dos percursos que compõem o Esquema Narrativo Canônico. A seguir, ainda no primeiro capítulo, analisamos os regimes de constituição dos personagens a partir do conflito de classe que orienta o romance-objeto em estudo.

No segundo capítulo (Os estados passionais), foi a vez de apresentar considerações sobre a cólera diante das desigualdades sociais e das intensas violações de direitos. Por isso, privilegiamos o exame dos conflitos internos do personagem Sem-Pernas, vítima de uma série de injustiças que culminam em seu autoextermínio.

No capítulo seguinte (As encruzilhadas da figuratividade), foram depreendidas as determinações sócio-históricas e ideológicas por meio da dinamização de temas e figuras. Também foram examinados os parâmetros estéticos, os estereótipos, a coerência semântica, a iconização e a referencialidade, além do horizonte ideológico da obra em análise.

No quarto capítulo (Discurso e enunciação e as interfaces sócio-históricas), por fim, foram explicadas as posições enunciativas e os efeitos de sentido decorrentes da utilização de elementos linguístico-discursivos. Além disso, abordamos, na esteira dos estudos do Círculo Linguístico de Bakhtin, mas sem adentrar profundamente neles, a historicidade discursiva e os processos interdiscursivos e intertextuais.

Na conclusão, foram garimpadas as principais considerações esboçadas nos capítulos que compõem esta obra, assim como foram propostos novos direcionamentos e apontamentos para a consolidação de uma prática científica comprometida com os direitos humanos e, se não a solução, os primeiros passos em direção à redução das desigualdades e à extinção dos problemas do nosso tempo.

Capítulo 1

Os inimigos são os outros

No presente capítulo foram abordados os aspectos concernentes à narratividade. Para tal, efetuamos uma escavação semiótica em busca dos enunciados elementares, depois uma constituição dos Programas Narrativos e, finalmente, chegamos ao Esquema Narrativo Canônico. No segundo momento, buscamos consolidar, a partir do cotejo dos textos, uma tipologia dos sujeitos no romance *Capitães da Areia*.

1.1 Malandros e heróis: a invisibilidade e o terrorismo

> Os corpos humanos são enlaçados
> pela linguagem, antes de tudo.
> Só existe o corpo sobre o qual se diz.
> São esses os nós que nos enlaçam, nos quais
> tropeçamos ou ficamos enredados.
>
> Somos feitos de histórias que precisam
> ser contadas de novo e de novo
> e de novo, para que o novo possa advir.
> (Vera Iaconelli)

Capitães da Areia é um romance marcado pela falta. Esse princípio seminal orienta a relação entre sujeito e objeto-valor de modo que as relações intersubjetivas encontram-se hierarquizadas ou, melhor dizendo, em estado de fragmentação mútua, uma vez presente a contradição na dinâmica social. No entanto – e esse será nosso ponto central –, a miséria nivela todos os personagens marginalizados, o que torna possível compreendê-los, para além da diversidade do bando, como corpos semânticos privados de condições fundamentais que lhes garantam subsistência.

Assim sendo, partiremos do fato de que os Capitães da Areia, grupo de "pequenos delinquentes" da cidade da Bahia, mostram-se, em consequência da orfandade, em estado de disjunção com os valores de existência, isto é, disjuntos de direitos básicos e essenciais, tais como simplesmente existir ou o direito a ter direito. Esse grupo de meninos abandonados é miserável (*não ter*) e desumanizado (*não ser*):

> Ali estavam mais ou menos cinquenta crianças, sem pai, sem mãe, sem mestre. Tinham de si apenas a liberdade de correr as ruas. Levavam vida nem sempre fácil, arranjando o que comer e o que vestir, ora carregando uma mala, ora furtando carteiras e chapéus, ora ameaçando homens, por vezes pedindo esmola. E o grupo era de mais de cem crianças, pois muitas outras não dormiam no trapiche. Se espalhavam nas portas dos arranha-céus, nas pontes, nos barcos virados na areia do Porto da Lenha. Nenhuma delas reclamava. Por vezes, morria um de moléstia que ninguém sabia tratar (Amado, 2008, p. 46).

No trecho em análise, subjazem transformações entre enunciados de estados orientados por um fazer, que constituem os Programas Narrativos (PN)[3]. Por meio desse procedimento, os sujeitos transformam seu estado de disjunção com os valores em estado de conjunção. Pode-se dizer que os Capitães da Areia têm consciência da falta que determina seus corpos e, de alguma forma, procuram supri-la seja furtando, seja pedindo ajuda. Como nos é apresentado, efetuam transformações que se dão "ora carregando uma mala, ora furtando carteiras e chapéus, ora ameaçando homens, por vezes pedindo esmola" (Amado, 2008, p. 46), e buscam subterfúgios que lhes garantam condições de existência em um cenário de exclusão estrutural.

A seguir, os arranjos, nos quais os Programas Narrativos (PN) dão-se em função (F) das relações entre sujeito de fazer (S1), que transforma a relação de disjunção (∪) em estado de conjunção (∩), ou vice-versa, entre sujeito de estado (S2) e objeto-valor (OV):

---

[3] "Estrutura sintáxica elementar que promove a transformação de um enunciado de estado em outro enunciado de estado, pela mediação de um enunciado de fazer" (Bertrand, 2003, p. 291).

Esquema 2 – Programas Narrativos (PN)

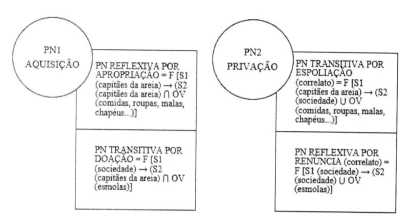

Fonte: esquematizado e adaptado a partir de Barros (1999)

As equações mostram, portanto, dois programas narrativos em relação à natureza da função: um, o PN de aquisição, por meio do qual o sujeito de estado (S2) entra em conjunção com o objeto-valor; outro, o PN de privação, por meio do qual o sujeito de estado (S2) entra em disjunção com o objeto-valor.[4]

Os PN de aquisição e privação podem ainda ser classificados, de acordo com a relação entre os actantes, em transitivos e reflexivos. Assim, quando sujeito de fazer (S1) é igual ao sujeito de estado (S2), constitui-se a categoria reflexiva. Em via contrária, quando sujeito de fazer (S1) é diferente do sujeito de estado (S2), resulta-se na categoria transitiva.

Na metalinguagem semiótica, temos a constituição de uma aquisição reflexiva por *apropriação* em correlação a uma privação transitiva por *espoliação*. Por outro lado, temos uma aquisição transitiva por *doação* em correlação a uma privação reflexiva por *renúncia*. Mostra-se, então, a estruturação polêmica da narratividade, uma vez tomada como "simulacro da ação do homem no mundo e de suas relações com outros homens" (Fiorin; Discini, 2015, p. 184).

---

[4] De acordo com Barros, a dupla implicação que liga os programas de privação e aquisição desencadeia o desdobramento dos percursos: percurso do sujeito e percurso do antissujeito; percurso do destinador-manipulador e percurso do antidestinador-manipulador; percurso do destinador-julgador e percurso do antidestinador-julgador. "As muitas relações e combinações devidas à estrutura polêmica da narrativa tornam a organização sintática bastante complexa e possibilitam um sem-número de variações" (2001, p. 43).

É importante destacar que o furto não é aqui uma mera atividade de delinquência, mas uma ação que se sobrepõe à ética devido à necessidade de aquisição de valores em um quadro de acentuadas desigualdades sociais. Às vezes, como se pode constatar em diversos momentos, os furtos são até mesmo considerados justos quando se observa a política de invisibilidade dos corpos infantis. É o que encontramos no fragmento seguinte, em que se vê o dilema ético de Pirulito:

> Eles furtavam, brigavam nas ruas, xingavam nomes, derrubavam negrinhas no areal, por vezes feriam com navalhas ou punhal homens e polícias. Mas, no entanto, eram bons, uns eram amigos dos outros. Se faziam aquilo é que não tinham casa, nem pai, nem mãe, a vida deles era uma vida sem ter comida certa e dormindo num casarão quase sem teto. Se não fizessem tudo aquilo, morreriam de fome, porque eram raras as casas que davam de comer a um, de vestir a outro (Amado, 2008, p. 110-111).

Diante do exposto, parece evidente que as aventuras e os crimes dos "pequenos larápios", em sua essência, indiciam a violação de direitos fundamentais de crianças e adolescentes, tal como se configuram os direitos humanos, entendidos como um universo de direitos que, apesar de serem desejados por todos, não foram todos garantidos e consolidados. Entretanto notemos como, na aparência, o fenômeno e as ações das crianças são abordados e, por conseguinte, como são esgotados nas páginas do *Jornal da Tarde*, órgão de imprensa da sociedade baiana:

> CRIANÇAS LADRONAS
>
> AS AVENTURAS SINISTRAS DOS "APITÃES DA AREIA" – A CIDADE INFESTADA POR CRIANÇAS QUE VIVEM DO FURTO – URGE UMA PROVIDÊNCIA DO JUIZ DE MENORES E DO CHEFE DE POLÍCIA – ONTEM HOUVE MAIS UM ASSALTO
>
> Já por várias vezes o nosso jornal, que é sem dúvida o órgão das mais legítimas aspirações da população baiana, tem trazido notícias sobre a atividade criminosa dos "Capitães da Areia", nome pelo qual é conhecido o grupo de meninos assaltantes e ladrões que infestam a nossa urbe. Essas crianças que tão cedo se dedicaram

à tenebrosa carreira do crime não têm moradia certa ou pelo menos a sua moradia ainda não foi localizada. Como também ainda não foi localizado o local onde escondem o produto dos seus assaltos, que se tornam diários, fazendo jus a uma imediata providência do Juiz de Menores e do doutor Chefe de Polícia.

Esse bando que vive da rapina se compõe, pelo que se sabe, de um número superior a 100 crianças das mais diversas idades, indo desde os 8 aos 16 anos. Crianças que, naturalmente devido ao desprezo dado à sua educação por pais pouco servidos de sentimentos cristãos, se entregaram no verdor dos anos a uma vida criminosa. São chamados de "Capitães da Areia", porque o cais é o seu quartel-general [...]

[...] O que se faz necessário é uma urgente providência da polícia e do juizado de menores no sentido da extinção desse bando e para que recolham esses precoces criminosos, que já não deixam a cidade dormir em paz o seu sono tão merecido, aos Institutos de reforma de crianças ou às prisões (Amado, 2008, p. 11-12).

O texto anterior apresenta a abordagem jornalística acerca do assalto à residência do comendador José Ferreira, ocorrido no aristocrático bairro do Corredor da Vitória. Esse, inclusive, é o primeiro tomo de *Capitães da Areia* e também o primeiro contato do leitor com os personagens. Em síntese, como vimos na constituição dos Programas Narrativos, o jornal narra uma *performance* (um programa de base), que podemos entender como um *fazer-ser* referente à ação realizada. Pressupõe-se, por isso mesmo, uma competência (um programa de uso), entendida como um *ser-fazer* em relação à capacidade e ao conhecimento do sujeito para realizar determinada ação.[5]

Em face disso, o romance organiza-se em torno de uma estrutura contratual, cujo destinador, por ora, chamaremos de sociedade burguesa baiana. Nesse caso, os valores são aqueles associados à manutenção e à sustentação político-hegemônica das instituições sociais, como a família e, em particular, o Estado. Em contrapartida, nota-se que os meninos em situação de rua não cumprem seu compromisso

---

[5] O percurso da ação representa uma "estrutura hipotáxica que reúne a competência e a *performance*, sendo que esta pressupõe aquela, mas não o contrário" (Greimas, 2014, p. 83).

com o destinador-manipulador e na contramão das expectativas, realizam, enquanto antissujeitos, um contraprograma antagônico, associado aos valores da criminalidade e da violência urbana.

Observe que se trata dos contratos oferecidos pelos antidestinadores, das estratégias de manipulação relacionadas aos furtos, que são direcionadas ao patrimônio privado. Nas próximas linhas, apresenta-se a articulação de um furto de chapéus encomendada por Gonzales 14 (o antidestinador):

> [...] Ficaram os quatro sentados. O Sem-Pernas acendeu uma ponta de charuto caro, ficou saboreando. João Grande espiava o pedaço de mar que se via através da porta, além do areal. Pedro falou:
> – Gonzales do 14 falou hoje comigo...
> – Quer mais corrente de ouro? Da outra vez... – atalhou o Sem-Pernas.
> – Não. Tá querendo chapéu. Mas só topa de feltro. Palhinha não vale, diz que não tem saída. E também...
> – Que é que tem mais? – novamente interrompeu o Sem-Pernas.
> – Tem que muito usado não presta.
> – Tá querendo muita coisa. Se ainda pagasse o que valesse a pena.
> – Tu sabe, Sem-Pernas, que ele é um bicho calado. Pode não pagar bem, mas é uma cova. Dali não sai nada, nem a gancho.
> – Também paga uma miséria. E é interesse dele não dizer nada. Se ele abrir a boca no mundo não há costas largas que livre ele do xilindró...
> – Tá bom, Sem-Pernas, você não quer topar o negócio, vá embora, mas deixe a gente combinar as coisas direito.
> – Não tou dizendo que não topo. Tou só falando que trabalhar pra um gringo ladrão não é negócio. Mas se tu quer...
> – Ele diz que desta vez vai pagar melhor. Uma coisa que pague a pena. Mas só chapéu de feltro bom e novo. Tu, Sem-Pernas, podia ir com uns fazer esse negócio. Amanhã de noite, Gonzales manda um empregado do 14 aqui pra trazer os miúdos e levar as carapuças (Amado, 2008, p. 33-34).

Os antidestinadores, com suas estratégias persuasivas, colocam os antidestinatários mediante um *não-poder-não-aceitar* o contrato proposto, uma vez que a recompensa sempre se apresenta em curto prazo e, dessa maneira, necessária à urgente sobrevivência humana. A partir da realização do programa de base, os fatos são reconstruídos por meio da parcialidade e do agendamento jornalístico,[6] que reiteram a atuação dos "malandros" em descontinuidade com as coerções sociais. A continuação da reportagem "Crianças Ladronas", de que fazem parte as retrancas "Luta" e "Urge uma Providência", oferece-nos uma micronarrativa cultural embasada na sociabilidade violenta, entendida como o modo de controle que sugere o uso desregulado e arbitrário da violência como medida corretiva em relação àqueles que desobedecem a normas e acordos sociais (Silva, 2004):

> LUTA
> Aconteceu que no jardim a linda criança que é Raul Ferreira, de 11 anos, neto do comendador, que se achava de visita aos avós, conversava com o chefe dos 'Capitães da Areia', que é reconhecível devido a um talho que tem no rosto. Na sua inocência, Raul ria para o malvado, que sem dúvida pensava em furtá-lo. O jardineiro se atirou então em cima do ladrão. Não esperava, porém, pela reação do moleque, que se revelou um mestre nestas brigas. E o resultado é que, quando pensava ter segurado o chefe da malta, o jardineiro recebeu uma punhalada no ombro e logo em seguida outra no braço, sendo obrigado a largar o criminoso, que fugiu.
>
> A polícia tomou conhecimento do fato, mas, até o momento que escrevemos a presente nota, nenhum rastro dos 'Capitães da Areia' foi encontrado. O comendador José Ferreira, ouvido pela nossa reportagem, avalia o seu prejuízo em mais de um conto de réis, pois só o pequeno relógio de sua esposa estava avaliado em novecentos e foi furtado.
>
> URGE UMA PROVIDÊNCIA
> Os moradores do aristocrático bairro estão alarmados e receosos de que os assaltos se sucedam, pois este não é o primeiro levado a efeito pelos 'Capitães da Areia'. Urge

---

[6] A teoria da Agenda *Setting* ou Agendamento parte do princípio de que as notícias, uma vez agendadas na mídia, tornam-se proeminentes na mente do público. Por isso, certas pautas do jornalismo adquirem grande interesse e engajamento da opinião pública. Maxwell Mccombs (2004) define a teoria a partir da metáfora de uma agenda, dado que estaria ela preocupada com o agendamento dos meios de notícias e com o agendamento da sociedade. No romance em análise, é possível observar um intenso agendamento da mídia em relação ao "terrorismo" dos Capitães da Areia.

> uma providência que traga para semelhantes malandros um justo castigo e o sossego para as nossas mais distintas famílias. Esperamos que o ilustre chefe de polícia e o não menos ilustre doutor Juiz de Menores saberão tomar as devidas providências contra esses criminosos tão jovens e já tão ousados (Amado, 2008, p. 13-14).

Para efeitos da argumentação desenvolvida, o aparelho de informação (*Jornal da Tarde*) usa mecanismos e procedimentos linguístico-semióticos, como "assaltantes", "ladrões", "bando", "rapina", "criminosos", "malvado", "malta" etc., que visam à produção do medo, ao esvaziamento da condição humana e à associação desses sujeitos com o terror. Esses procedimentos estão relacionados aos princípios do discurso contrário aos direitos humanos de crianças e adolescentes no Brasil: o *menorismo* e o *punitivismo*. Eles estão embasadas na afetação e no incômodo com o outro que resultam, no primeiro caso, na justificativa da institucionalização e, no segundo caso, na correção dos menores infratores por meio de castigos físicos e da violência policial. Poder-se-ia dizer em (ultra)visibilização dos corpos infantis mesmo sem anunciá-la. Se se fala em esvaziamento da condição humana, significa outra coisa senão expor e somatizar o tomado como diferente como sujeito digno de abjeção. Está presente, assim, a sanção empregada àqueles que não evidenciam as etiquetas de bom comportamento e de boa postura moral.

Evidentemente, os Capitães da Areia são sancionados devido ao fato de serem considerados maus cumpridores dos acordos instituídos. Por não realizarem a *performance* esperada e, nesse sentido, não cumprirem o contrato pressuposto, o destinador-julgador justifica a eliminação deles do convívio e das práticas sociais. Para Barros (2015, p. 65), a exclusão, do ponto de vista da organização narrativa, integra o percurso da sanção em suas duas instâncias: a *cognitiva*, que diz respeito ao reconhecimento da ação ou da falta dela; e a *pragmática*, caracterizada como "a mais intensa e passional das ações intolerantes", etapa em que se dá a retribuição (positiva ou negativa) ao sujeito decorrente da avaliação da ação.

Em nosso caso, a exclusão como sanção pragmática visa, em seu limite, à eliminação do outro, entendido como diferente, desajustado e, até mesmo, desalinhado esteticamente. Para entendermos melhor o percurso da sanção, recorremos ao momento em que Pedro Bala é torturado e violentado na prisão, após a tentativa frustrada de assalto à casa do Dr. Alcebíades Menezes, na ladeira de São Bento:

> [...] Agora davam-lhe de todos os lados. Chibatadas, socos, pontapés. O diretor do reformatório levantou-se, sentou-lhe o pé. Pedro Bala caiu do outro lado da sala. Nem se levantou. Os soldados vibraram os chicotes. Ele via João Grande, Professor, Volta Seca, Sem-Pernas, o Gato. Todos dependiam dele. A segurança de todos dependia da coragem dele. Ele era o chefe, não podia trair. Lembrou-se da cena da tarde. Conseguira dar fuga aos outros, apesar de estar preso também. O orgulho encheu seu peito. Não falaria, fugiria do reformatório, libertaria Dora. E se vingaria... Se vingaria... Grita de dor. Mas não sai uma palavra dos seus lábios. Vai se fazendo noite para ele. Agora já não sente dores, já não sente nada. No entanto, os soldados ainda o surram, o investigador o soqueia. Mas ele não sente mais nada (Amado, 2008, p. 201).

O personagem agoniza em seu próprio estado de miséria e torna-se, como resultado, abjeto. Retira-se, progressiva e paulatinamente, condições humanas possíveis atreladas ao sujeito. Na delegacia, Pedro Bala é maltratado e violentado, privado de qualquer direito penal. Pode-se dizer que, mediante a desumanização, seu espaço existencial é reduzido em direção ao definhamento:

> [...] Grita, xinga nomes. Ninguém o atende, ninguém o vê, ninguém o ouve. Assim deve ser o inferno. Pirulito tem razão de ter medo do inferno. É por demais terrível. Sofrer sede e escuridão. A canção dos presos dizia que lá fora é a liberdade e o sol. E também a água. Os rios correndo muito alvos sobre pedras, as cascatas caindo, o grande mar misterioso. Professor, que sabe muitas coisas, porque à noite lê livros furtados, à luz de uma vela (está comendo os olhos...), lhe disse certa vez que tem mais água no mundo que terra. Tinha lido num livro. Mas nem um pingo de água na sua cafua. Na de Dora, não deve ter também. Para que esmurrar a porta como o faz neste momento? Ninguém o atende, suas mãos já doem. Na véspera o surraram na polícia. Suas costas estão negras, seu peito ferido, o rosto inchado. Por isso, o diretor disse que ele tinha cara de criminoso.

> Não tem, não. Ele quer é liberdade. Um dia um velho disse que não se mudava o destino de ninguém. João de Adão disse que se mudava, sim. Ele acreditara em João de Adão. Seu pai morrera para mudar dos doqueiros. Quando ele sair, irá ser doqueiro também, lutar pela liberdade, pelo sol, por água e de comer para todos. Cospe um cuspe grosso. A sede aperta sua garganta. Pirulito quer ser padre para fugir daquele inferno. Padre José Pedro sabia que o reformatório era assim, falava contra meterem os meninos lá. Mas que podia um pobre padre sem paróquia contra todos? Porque todos odeiam os meninos pobres, pensa Pedro Bala. Quando sair, pedirá à mãe-de-santo Don'Aninha que faça um feitiço forte para matar o diretor. Ela tem força com Ogum, e ele uma vez tirara Ogum da polícia. Fizera muita coisa para a sua idade. Dora também fizera muita coisa naqueles meses entre eles. Agora passavam sede. Pedro Bala esmurra inutilmente uma porta. A sede o rói por dentro como uma legião de ratos. Cai enrodilhado no chão e o cansaço o vence. Apesar da sede, dorme. Mas tem sonhos terríveis, ratos roem o rosto belo de Dora (Amado, 2008, p. 206).

O avanço das horas e dos dias acompanha as medidas corretivas na cafua. Queixa-se das dores e dos castigos, mas ninguém o ouve. Pedro Bala, em sua condição de desumanização e da intensa privação de liberdade, é tomado por uma necessidade revolucionária: quer mudar, assim como seu pai, o destino dos pobres, da classe trabalhadora, como lhe ensinara o estivador João de Adão. Destaca-se que, a partir desse momento, o sujeito é tomado por uma consciência política, passa a compreender o sentido da estrutura social e, assim assumido, torna-se consciente da situação histórica da classe de que faz parte (Lukáscs, 1960). Para isso, todavia, é urgente a rápida adaptação, como todos os bons malandros, às condições de sofrimento:

> [...] Quantas horas? Quantos dias? A escuridão é sempre a mesma, a sede é sempre igual. Já lhe trouxeram água e feijão três vezes. Aprendeu a não beber caldo de feijão, que aumenta a sede. Agora está muito mais fraco, um desânimo no corpo todo. O barril onde defeca exala um cheiro horrível. Não o retiraram ainda. E sua barriga dói, sofre horrores para defecar. É como se as tripas fossem sair. As pernas não o ajudam. O que o mantém em pé é o ódio que enche seu coração (Amado, 2008, p. 201-209).

Quando Pedro Bala é intimidado com o intuito de se localizar o espaço onde habita "o mais perigoso e terrível grupo de menores abandonados da Cidade da Bahia", o chefe recorda que informar qualquer indício seria uma espécie de traição às leis do bando e, portanto, colocaria em risco a vida de todas as crianças em situação de vulnerabilidade que dependem de sua coragem. Por não realizar a *performance* esperada, é sancionado pragmaticamente por meio de torturas, chibatadas, socos, surras, fome e pontapés. A dor acumulada desencadeia o desfalecimento, o estado de fraqueza, a falta de ânimo. Preso, o sujeito digno de opressão não merece condições de sobrevivência, insumos básicos, como água e iluminação. Por conseguinte, nivela-se às fezes com as quais convive na solitária.

Passemos agora ao trágico final de Sem-Pernas, em que também é observado o percurso da sanção:

> [...] Se fizera homem antes dos dez anos para lutar pela mais miserável das vidas: a vida de criança abandonada. Nunca conseguira amar ninguém, a não ser a este cachorro que o segue. Quando os corações das demais crianças ainda estão puros de sentimentos, o do Sem-Pernas já estava cheio de ódio. Odiava a cidade, a vida, os homens. Amava unicamente o seu ódio, sentimento que o fazia forte e corajoso apesar do defeito físico. Uma vez uma mulher foi boa para ele. Mas em verdade não o fora para ele e sim para o filho que perdera e que pensara que tinha voltado. De outra feita outra mulher se deitara com ele numa cama, acariciara seu sexo, se aproveitara dele para colher migalhas do amor que nunca tivera. Nunca, porém, o tinham amado pelo que ele era, menino abandonado, aleijado e triste. Muita gente o tinha odiado. E ele odiara a todos. Apanhara na polícia, um homem ria quando o surravam. Para ele é este homem que corre em sua perseguição na figura dos guardas. Se o levarem, o homem rirá de novo. Não o levarão. Vêm em seus calcanhares, mas não o levarão. Pensam que ele vai parar junto ao grande elevador. Mas Sem-Pernas não para. Sobe para o pequeno muro, volve o rosto para os guardas que ainda correm, ri com toda a força do seu ódio, cospe na cara de um que se aproxima estendendo os braços, se atira de costas no espaço como se fosse um trapezista de circo. A praça toda fica em suspenso por um momento. Se jogou, diz uma

mulher, e desmaia. Sem-Pernas se rebenta na montanha como um trapezista de circo que não tivesse alcançado o outro trapézio. O cachorro late entre as grades do muro (Amado, 2008, p. 251).

O excerto anterior, o do suicídio, destaca a difícil vida da criança com deficiência que almeja, antes de mais nada, o direito de ser amada. Em muitas passagens, como será melhor explorado no Capítulo 2, o sujeito exalta sua insatisfação por não vivenciar o sentimento materno e familiar. A adultização precoce o fez encontrar o sentimento no sexo, mas nunca de forma plena e verdadeira. Não compreende, por isso, as emoções humanas, pois sente as consequências da miséria econômica que o estrangula.

A deficiência física, por sua vez, intensifica seu estado de melancolia, com rememorações constantes de um passado marcado por dificuldades. Certa vez, os polícias obrigaram-no a correr numa pequena sala na frente dos guardas, que o chicoteavam e o ridicularizavam, e essa lembrança o persegue do mesmo modo que os passos dos guardas que correm atrás de sua captura. Vê-se novamente surrado, humilhado, maltratado, pois compreende o sistema prisional não como um espaço de reintegração, mas como um ambiente de maus-tratos e perseguição alinhada à lógica punitivista. Ao cometer o autoextermínio, Sem-Pernas consolida a ruptura com a disfórica vida de injustiças. O estado terminativo concretiza a exclusão como sanção pragmática.

No entanto, destacamos que, quando falamos em sanção pragmática, não estamos nos referindo apenas à sua concretização pelos mecanismos de tortura física, como enfrenta Pedro Bala na delegacia. A sanção empregada aos sujeitos é também evidenciada pelos procedimentos de tortura psicológica, como vivencia Sem-Pernas, que é tomado por um intenso impulso de morte. Os assédios econômicos e morais dos objetos impossíveis, por exemplo, revelam as estratégias de manipulação com a finalidade de consolidar as condições de produção e reprodução do regime psicopolítico. Em todo caso, sabemos que, na organização capitalista do romance, a concentração e a centralização de riquezas (econômicas e simbólicas) estão nas mãos de poucos, daqueles que controlam os meios de produção de linguagens, os espaços hegemônicos e, de modo perverso, retroalimentam o sistema e controlam as subjetividades.

Tendo em vista essa dinâmica, o sujeito de não direito simboliza, em meio às desigualdades, as trágicas consequências do mundo da criminalidade, que se reiteram até os dias de hoje: a morte ou a prisão para aqueles que não cumprem seu compromisso com o modelo de sociedade lucrativa. Além disso, a narrativa explicita a política de encarceramento e a falência do sistema prisional e socioeducativo brasileiro como sanções à população negra e periférica.

Para Sem-Pernas, a morte mostra-se mais atraente do que a vida que não lhe supre as carências afetivas e morais. De fato, nesse caso particular, não há espaço para potencialidades e condições de sobrevivência, pois o indivíduo acredita ser abjeção em torno de sua subjetividade compulsiva. Perde-se a autoestima, sente-se fracassado.

Aqui, voltamos ao nosso ponto de partida, uma vez que o percurso da sanção, como já esboçado em momentos anteriores, permite-nos recuperar a instância do destinador-manipulador: que se encarrega de manipular os sujeitos para realizarem uma determinada *performance* conforme os interesses hegemônicos de dominação. No início desta análise, em linhas breves, esse destinador-manipulador foi denominado de sociedade burguesa baiana. Neste ponto, porém, refinaremos essa concepção e passaremos a entendê-lo como um destinador sócio-histórico, coletivo (psico-sócio-histórico ou mesmo transcendental), cuja metodologia política afirma a opressão daquilo que não se enquadra na dinâmica do acúmulo material e na suposta homogeneização comportamental.

O destinador-manipulador sinaliza um *dever-fazer* com o intuito de levar o sujeito à realização do contrato proposto, isto é, à intimidação pressuposta pelos assédios econômicos e morais, desde a mais tenra idade. Com esse tipo de manipulação coletiva, busca-se consolidar "o modo de controle que determina o comportamento do outro ao longo do tempo e do espaço, pondo-o na impossibilidade de agir diferentemente" (Bobbio, 2004, p. 23).

Vale destacar brevemente que o destinador-manipulador projeta os valores da incipiente sociedade brasileira de consumo da década de 1930. Por isso, em diversas passagens, os sujeitos marginalizados opõem-se ao seu símbolo maior de defesa: o arranjo Deus, dentro da lógica cristã; a pátria, como ideal de Estado-Nação; e a família como instituição social e de controle. Ou seja, colocam-se contrários às padronizações do projeto social-histórico que constroem, com efeito, significações, e que mantêm a sociedade e suas instituições sempre unidas em direção à obtenção e à maximização de ganhos e lucros.

Ancorado em tudo que vimos, parece que os meninos em situação de rua não somente rompem com a ética deôntica prescritiva e com o jogo previamente estabelecido, como ainda impedem a consolidação de uma sociedade forjada segundo as etiquetas da classe dominante. Ainda, contrariamente, esses indivíduos realizam ações (contraprogramas antagônicos) que põem em risco a manutenção do *status quo*, os interesses hegemônicos que, uma vez somatizados no inconsciente da sociedade, apresentam-se como dinâmica naturalizada, imutável e peremptória.

Na verdade, defendemos que os sujeitos marginalizados não estão atualizados para a realização do contrato proposto por se encontrarem emancipados, por se apresentarem como sujeitos políticos e por não reconhecerem qualquer acordo ou negociação com o destinador sócio-histórico, porque reconhecem, mesmo que inconscientemente, a lógica opressiva do sistema do qual, (ultra) visivelmente e invisivelmente, fazem parte. Para todos os efeitos, são julgados como sujeitos de um fazer que se encontram em descontinuidade com os valores do destinador.

1.2 Um campo de disputa simbólica: tipologia dos sujeitos

Até agora compreendemos que, para o destinador-julgador, a sanção (cognitiva e pragmática) é concretizada devido ao fato de esses sujeitos serem tomados como dignos de *abjeção*, resultado da imposição de valores de uma classe ou grupo hegemônico sobre os outros. Como sustentado, é por meio desse procedimento que reside o uso estratégico do esvaziamento da condição humana e, por isso, o destinador-julgador justifica a opressão e a exclusão daquilo que se considera "diferente"[7]. Vejamos, nesse sentido, um engajamento

---

[7] Neste ponto é necessário observar o Código de Menores de 1927. Trata-se de um documento alicerçado na lógica menorista, segundo a qual os sujeitos infratores devem ser privados de liberdade e tutelados pelo Estado, em que já se evidencia a política de criminalização da pobreza. Afinal, a pobreza é considerada a causa da delinquência e da criminalidade. "Aqui, a dimensão 'corretiva' e assistencial da medida se sobressaía em relação a sua função retributiva. Não é a condição de 'delinquente', mas a de 'abandonado ou pervertido' que amplia o tempo de institucionalização" (Gisi, 2021, p. 3).

coletivo para que os meninos em situação de rua sejam capturados e eliminados da sociedade de consumo. Observemos a comoção do *Jornal da Tarde* com a prisão de Pedro Bala, chefe do bando:

> O Jornal da Tarde trouxe a notícia em grandes títulos. Uma manchete ia de lado a lado na primeira página:
>
> PRESO O CHEFE DOS 'CAPITÃES DA AREIA'
>
> Depois vinham os títulos que estavam em cima de um clichê, onde se viam Pedro Bala, Dora, João Grande, Sem-Pernas e Gato cercados de guardas e investigadores:
>
> UMA MENINA NO GRUPO – A SUA HISTÓRIA – RECOLHIDA A UM ORFANATO – O CHEFE DOS 'CAPITÃES DA AREIA' É FILHO DE UM GREVISTA – OS OUTROS CONSEGUEM FUGIR – 'O REFORMATÓRIO O ENDIREITARÁ', NOS AFIRMA O DIRETOR.
>
> Sob o clichê vinha esta legenda:
>
> Após ser batida esta chapa o chefe dos peraltas armou uma discussão e um barulho que deu lugar a que os demais moleques presos pudessem fugir. O chefe é o que está marcado contra cruz e ao seu lado vê-se Dora, a nova gigolete dos moleques baianos.
>
> Vinha a notícia:
>
> Ontem a polícia baiana lavrou um tento. Conseguiu prender o chefe do grupo de menores delinquentes conhecidos pelo nome de 'Capitães da Areia'. Por mais de uma vez este jornal tratou do problema dos menores que viviam nas ruas da cidade dedicados ao furto.
> Por várias vezes também noticiamos os assaltos levados a efeito por este mesmo grupo. Realmente a cidade vivia sob o temor constante destes meninos, que ninguém sabia onde moravam, cujo chefe ninguém conhecia. Há alguns meses tivemos ocasião de publicar cartas do doutor Chefe de Polícia, do doutor Juiz de Menores e do diretor do Reformatório Baiano sobre este problema. Todos eles prometiam incentivar a campanha contra os menores delinquentes e em particular contra os 'Capitães da Areia'.
> Esta campanha tão meritória deu os seus primeiros frutos ontem com a prisão do chefe desta malta e de vários do grupo, inclusive uma menina. Infelizmente, devido a uma sagaz burla de Pedro Bala, o chefe, os demais

conseguiram escapar de entre as mãos dos guardas. Em todo caso, a polícia já conseguiu muito prendendo o chefe e a romântica inspiradora dos roubos: Dora, uma figura interessantíssima de menor delinquente. Feitos estes comentários, narremos os fatos... (Amado, 2008, p. 196-197).

Em todo caso, um aspecto fundamental merece ser intensamente matizado. Observa-se, desde o início desta análise, que esses meninos, na verdade, são privados de direitos e, por isso mesmo, podemos considerá-los como sujeitos em estado de *inanição*[8]. Eles são punidos com a perda de cidadania por não se alinharem à normalidade compulsória que resulta em um "não-lugar" dentro da cosmologia de despertencimento sociocultural. Esse não alinhamento, por sua vez, relaciona-se à negação da concepção de liberdade partilhada pelo destinador sócio-histórico, que nos evidencia uma certa autonomia em relação às coerções sociais. A nosso ver, é essa especificidade que configura os personagens como sujeitos políticos, pois eles se mostram não alienados em relação às engrenagens sistêmicas, à liberdade burguesa e ao lado livre e espiritual do trabalho.

Eduardo Assis Duarte (1996) destaca que uma das características do romance amadiano é o fato de que os sujeitos não são meros protagonistas de suas histórias, mas indivíduos que ativamente lutam contra a opressão sistemática ao se colocarem contrários às determinações. Nessa configuração, os Capitães da Areia são movidos por um desejo epistêmico, um intenso querer saber acerca do sistema de que fazem parte com a finalidade de articular saídas e artimanhas para a disfórica existência. Por isso serem considerados perigosos para o regime sociopolítico que integram. Esse aspecto nos leva em direção à concepção de liberdade do materialismo histórico-dialético, ancorado na orientação marxista, que subjaz ao romance proletário amadiano.

Por causa disso, a noção de liberdade distancia-se da concepção de liberdade vista pelo princípio da propriedade privada e do acúmulo de capital. Portella (1989, p. 74) destaca que nas obras de

---

[8] Extraímos da biologia o conceito de *inanição*. Em linhas breves, refere-se ao fenômeno em que ocorre a falta de insumos básicos para a manutenção da existência celular. Resulta, nesse sentido, na mobilização, pelo organismo, da busca de energia e nutrientes para o funcionamento biológico. De maneira semelhante, quando se nega direitos, os sujeitos procuram, apesar das condições de opressão e de abandono que lhes são atribuídas, modos de existência possíveis, entre elas a negação da humanização partilhada.

Jorge Amado, "a tábua de valores dos pícaros e dos vagabundos sai diretamente da vida e do cotidiano. Nenhum processo de intelectualização idealista interfere na sua concepção do homem e das coisas". Daí que, para os Capitães da Areia, a liberdade é concretizada como possibilidade concreta de escolha, no confronto que se estabelece entre a rua como encruzilhada *versus* a casa como espaço de manutenção e reprodução política. Sabemos que eles privilegiam a liberdade das ruas, os encantos e as magias das encruzilhadas cotidianas mesmo quando diante da possibilidade de uma vida melhor. Destacamos, em diferentes trechos, como essas questões se materializam na obra:

> Passa um vento frio que levanta a areia e torna difíceis os passos do negro João Grande, que se recolhe. Vai curvado pelo vento como a vela de um barco. E alto, o mais alto do bando, e o mais forte também, negro de carapinha baixa e músculos retesados, embora tenha apenas treze anos, dos quais quatro passados <u>na mais absoluta liberdade, correndo as ruas da Bahia com os Capitães da Areia</u> (Amado, 2008, p. 30; grifo nosso);

> O que ele queria era felicidade, era alegria, era fugir de toda aquela miséria, de toda aquela desgraça que os cercava e os estrangulava. <u>Havia, é verdade, a grande liberdade das ruas.</u> Mas havia também o abandono de qualquer carinho, a falta de todas as palavras boas (Amado, 2008, p. 38; grifo nosso);

> Depois o Sem-Pernas ficou muito tempo olhando as crianças que dormiam. Ali estavam mais ou menos cinquenta crianças, sem pai, sem mãe, sem mestre. <u>Tinham de si apenas a liberdade de correr as ruas</u> (Amado, 2008, p. 46; grifo nosso);

> Numa coisa se enganou, a princípio, o padre José Pedro: em lhes oferecer, em troca do abandono <u>da liberdade que gozavam, soltos na rua</u>, uma possibilidade de vida mais confortável (Amado, 2008, p. 74; grifo nosso);

> O menino arribou da casa da solteirona levando uns objetos de prata, preferindo <u>a liberdade da rua mesmo vestido de farrapos e sem muita certeza de almoço, aos trajes e ao almoço garantido com a obrigação de rezar o terço em alta, assistir várias missas e bênçãos todos os dias</u> (Amado, 2008, p. 77; grifo nosso);

> Assovia com força, bate risonhamente no ombro de Professor. E os dois riem, e logo a risada se transforma em gargalhada. No entanto, não têm mais que uns poucos níqueis no bolso, vão vestidos de farrapos, não sabem o que comerão. <u>Mas estão cheios da beleza do dia e da liberdade de andar pelas ruas da cidade.</u> E vão rindo sem ter do que, Pedro Bala com o braço passado no ombro de Professor (Amado, 2008, p. 136; grifo nosso);

> Na madrugada, quando Pedro acordou, os presos cantavam. Era uma moda triste. <u>Falava do sol que havia nas ruas, em quanto é grande e bela a liberdade.</u> O bedel Ranulfo, que o tinha ido buscar na polícia, o levou à presença do diretor. Pedro Bala sentia o corpo todo doer das pancadas do dia anterior. Mas ia satisfeito, porque nada tinha dito, porque não revelara o lugar onde os Capitães da Areia viviam. Lembram-se da canção que os presos cantavam na madrugada que nascia. <u>Dizia que a liberdade é o bem maior do mundo. Que nas ruas havia sol e luz e nas células havia uma eterna escuridão porque ali a liberdade era desconhecida.</u> Liberdade. João de Adão, que estava nas ruas, sob o sol, falava nela também. Dizia que não era só por salários que fizera aquelas greves nas docas e faria outras. Era pela liberdade que os doqueiros tinham pouca. Pela liberdade, o pai de Pedro Bala morrera pela liberdade – pensava Pedro – dos seus amigos, ele apanhara uma surra na polícia. Agora seu corpo estava mole e dolorido, seus ouvidos cheios da moda que os presos cantavam. <u>Lá fora, dizia a velha canção, é o sol, a liberdade e a vida</u> (Amado, 2008, p. 201-202; grifos nossos).

Ora, o encaminhamento da narrativa mostra que as coerções da sociedade de consumo e as atitudes emancipatórias dos *lúmpens*[9] se chocam antagonicamente e constituem uma arena de disputa simbólica pelo imaginário social. Logo, essa distinção deixa nítida, seja no nível ideológico ou seja no nível das práticas, o embate de concepções e interpretações de valores, sempre enfatizando a prevalência do autoritarismo desmobilizador da classe dominante em

---

[9] Inserimos o termo *lumpemproletariado* com uma conotação especial, ao mesmo tempo próxima e distante da sociologia marxista. Próxima no sentido de que compõe o proletariado em condição marginal; distante no que diz respeito à total ausência de consciência de classe. Embora adquiram a consciência revolucionária com a progressão da narrativa (*Bildungsroman*), como é o caso de Pedro Bala, defendemos que são sujeitos políticos na medida em que, mesmo que inconscientemente, negam a liberdade burguesa e a ideia de contrato social.

relação aos grupos dominados. Em termos gerais, estamos chamando atenção para a ideologia como ideias da classe dominante que, uma vez disseminadas como universais, ocultam sua própria origem.

Reteremos desde logo que as consequências do abandono familiar, da negligência de transmissão afetiva como direito e da desassistência de políticas públicas do Estado atuam na constante busca de liquidação da falta mediante atos infracionais, para além de um simples desvio ético. Afinal, o romance deixa explícito que os recursos materiais e simbólicos são privilégios de uma classe específica, a classe burguesa, sempre disponível para a condenação moral, porém pouco prestativa para o acolhimento e para a assistência aos mais vulneráveis. Uma vez invisibilizada a problemática das crianças em situação de rua, os discursos hegemônicos justificam as privatizações de direitos humanos e sociais que culminam na eliminação do diferente.

O destinador sócio-histórico, nessa ampla relação de interesses, procura demarcar a sua diferença em relação ao outro para se sentir bem, para se sentir diferenciado e, sobretudo, para defender os seus valores de absoluto, como os da branquitude, do cristianismo, do patriarcado, do esteticismo, do capacitismo, do burguesismo etc. Estabelece, para isso, um sistema de identificação e um princípio de unidade com aqueles que desvalorizam a diferença e um sistema de divergência e assimetria com os diferentes, os "desajustados emocionante", como se observa na resposta do diretor do Reformatório Baiano de Menores Delinquentes e Abandonados às acusações de Maria Ricardina e do padre José Pedro:

> Quanto à carta de uma mulherzinha do povo, não me preocupei com ela, não merecia a minha resposta. Sem dúvida é uma das muitas que aqui vêm e querem impedir que o Reformatório cumpra a sua santa missão de educar os seus filhos. Elas os criam na rua, na pândega, e como eles aqui são submetidos a uma vida exemplar, elas são as primeiras a reclamar, quando deviam beijar as mãos daqueles que estão fazendo dos seus filhos homens de bem. Primeiro vêm pedir lugar para os filhos. Depois sentem falta deles, do produto dos furtos que eles levam para casa, e então saem a reclamar contra o Reformatório. Mas, como já disse, senhor diretor, esta carta não

> me preocupou. Não é uma mulherzinha do povo quem há de compreender a obra que estou realizando à frente deste estabelecimento (Amado, 2008, p. 21).

Podemos comprovar, mais uma vez, que a lógica de dupla estigmatização social, apontada nesta análise, é produto das ideias da classe dominante, uma vez que é ela responsável pelas categorizações e pelos conceitos, dominando também como pensadores e, em consequência, como produtores de ideias do seu tempo. Na visão do Dr. Juiz de Menores encaminhada ao *Jornal da Tarde* estão os domínios dessa argumentação:

> Ainda nestes últimos meses que decorreram mandei para o Reformatório de Menores vários menores delinquentes ou abandonados. Não tenho culpa, porém, de que fujam, que não se impressionem com o exemplo de trabalho que encontram naquele estabelecimento de educação e que, por meio da fuga, abandonem um ambiente onde se respiram paz e trabalho e onde são tratados com o maior carinho. Fogem e se tornam ainda mais perversos, como se o exemplo que houvessem recebido fosse mau e daninho. Por quê? Isso é um problema que aos psicólogos cabe resolver e não a mim, simples curioso da filosofia. O que quero deixar claro e cristalino, senhor diretor, é que o doutor chefe de polícia pode contar com a melhor ajuda deste juizado de menores para intensificar a campanha contra os menores delinquentes (Amado, 2008, p. 16-17).

Tudo isso é importante quando nos referimos ao processo de fabricação dos inimigos, que se dá por intermédio da falsa sensação de insegurança em busca do escamoteamento daqueles interpretados e tomados como divergentes. A agenda pública, por meio da imprensa com sua apuração mentirosa e/ou sua opinião falsa, distorce a realidade de maneira sistemática e, como resultado, recai sobre os corpos marginalizados a culpa por todas as irregularidades e anomalias aparentes.

As reais causas da crise humanitária, de caráter sistemático como se vê, são colocadas à margem do debate e ocultadas, pois são vendidas pelos *aparelhos ideológicos* como mero "problema moral" e "desvio ético" (Althusser, S.D.). Vejamos, a título de exemplificação, como essas distorções da realidade constituem aquilo que denominamos de regime de *mistificação*. Passemos em revista a abordagem do *Jornal da Tarde*, quando visita às instalações do ambiente "socioeducativo", com a finalidade de apurar as denúncias de maus-tratos ocorridos no reformatório baiano:

> UM ESTABELECIMENTO MODELAR ONDE REINAM A PAZ E O TRABALHO – UM DIRETOR QUE É UM AMIGO – ÓTIMA COMIDA – CRIANÇAS LADRONAS EM CAMINHO DA REGENERAÇÃO – ACUSAÇÕES IMPROCEDENTES – SÓ UM INCORRIGÍVEL RECLAMA – O 'REFORMATÓRIO BAIANO' É UMA GRANDE FAMÍLIA – ONDE DEVIAM ESTAR OS 'CAPITÃES DA AREIA' (Amado, 2008, p. 23).

O enquadramento jornalístico articula um *parecer* e um *não-ser*, que resulta em uma mentira, quando diante do contrato de veridicção como construção da linguagem[10]. Para promover a adesão do destinatário, do ponto de vista do ajustamento emocional, o destinador-manipulador o induz a acreditar em um discurso que parece, mas não é, verdadeiro. Os fatos mostram que, devido às denúncias de maus-tratos ocorridos no Reformatório Baiano de Menores Delinquentes e Abandonados, o diretor da instituição "falseia" o ambiente socioeducativo exclusivamente para apuração das denúncias pela imprensa.

A sociedade, em consequência da campanha de desumanização das crianças abandonadas, atribui um estatuto veridictório de acordo com aquilo em que se crê. A abordagem entre não ser um ambiente socioeducativo, mas parecer ser, influencia diretamente a interpretação da informação em conformidade com as crenças e emoções do destinatário, aquilo que se convencionou chamar de "pós-verdade".

---

[10] Greimas e Courtés (2008, p. 486) ressaltam que "a integração da problemática da verdade no interior do discurso enunciado pode ser interpretada, em primeiro lugar, como a inscrição (e a leitura) das marcas da veridicção, graças às quais o discurso-enunciado se ostenta como verdadeiro ou falso, mentiroso ou secreto. Mesmo assegurando nesse plano uma certa coerência discursiva, esse dispositivo veridictório não garante de modo algum a transmissão da verdade, que depende exclusivamente de mecanismos epistêmicos montados nas duas extremidades da cadeia de comunicação, nas instâncias do enunciador e do enunciatário, ou melhor, depende da coordenação conveniente desses mecanismos. O crer-verdadeiro do enunciador não basta, supomos, à transmissão da verdade; o enunciador pode dizer quanto quiser, a respeito do objeto de saber que está comunicando, que 'sabe', que está 'seguro', que é 'evidente'; nem por isso pode ele assegurar-se de ser acreditado pelo enunciatário; um crer-verdadeiro deve ser instalado nas duas extremidades do canal da comunicação, e é esse equilíbrio, mais ou menos estável, esse entendimento tácito entre dois cúmplices mais ou menos conscientes que nós denominamos contrato de veridicação (ou contrato enuncivo)".

Como explica Barros (2020, p. 28):

> Por mais absurdos que pareçam, os discursos cujos valores estão de acordo com as crenças e sentimentos do destinatário são por ele considerados verdadeiros. É o chamado viés de confirmação, tendência de as pessoas acreditarem nas informações que apoiam suas visões e valores, e desconsiderarem as que dizem o contrário.

Os pormenores aqui apontados revelam os contornos de uma retórica desumanizante e conservadora que sustenta, por trás de sua configuração, a política de desigualdade e os interesses das classes dominantes. Vamos exemplificar boa parte do que estamos argumentando com o encontro de dona Margarida com o padre José Pedro, que acompanha os Capitães da Areia na ida ao carrossel de Itapagipe.

Margarida vê o mundo pelo ângulo das aparências, pelo ponto de vista da propriedade privada e do acúmulo material. Ao se deparar com as diferenças, defende a concepção higienista, segundo a qual o sangue dos mais pobres funciona como alvejante social (Alves, 2020). Justamente em consequência das artimanhas de *aporofobia*, processo de condenação, preconceito e aversão aos pobres, demarca-se o espaço do outro, que resulta no princípio de exclusão mediante a execução sumária e arbitrária desses sujeitos (Cortina, 2020). Vejamos:

> [...] Estavam todos num cerrado espiando o desenho, que o padre elogiava, quando ouviram:
> – Mas é o padre José Pedro...
> E o *lorgnon* da velha magra se assestou contra o grupo como arma de guerra. O padre José Pedro ficou meio sem jeito, os meninos olhavam com curiosidade os ossos do pescoço e do peito da velha onde um *barret* custosíssimo brilhava à luz do sol. Houve um momento em que todos ficaram calados, até que o padre José Pedro tomou ânimo e disse:
> – Boa tarde, dona Margarida.
> Mas a viúva Margarida Santos assestou novamente o *lorgnon* de ouro.
> – O senhor não se envergonha de estar nesse meio, padre? Um sacerdote do Senhor? Um homem de responsabilidade no meio desta gentalha...

> – São crianças, senhora.
> A velha olhou superiora e fez um gesto de desprezo com a boca. O padre continuou:
> – Cristo disse: Deixai vir a mim as criancinhas...
> – Criancinhas... Criancinhas... – cuspiu a velha.
> – Ai de quem faça mal a uma criança, falou o Senhor – e o padre José Pedro elevou a voz acima do desprezo da velha.
> – Isso não são crianças, são ladrões. Velhacos, ladrões. Isso não são crianças. São capazes até de ser dos Capitães da Areia... Ladrões – repetiu com nojo. Os meninos a fitavam com curiosidade. Só o Sem-Pernas, que tinha vindo do carrossel, pois Nhozinho França já voltara, a olhava com raiva. Pedro Bala se adiantou um passo, quis explicar:
> – O padre só quer aju...
> Mas a velha deu um repelão e se afastou.
> – Não se aproxime de mim, não se aproxime de mim, imundície. Se não fosse pelo padre eu chamava o guarda.
> Pedro Bala aí riu escandalosamente, pensando que se não fosse pelo padre a velha já não teria o *barret* nem tampouco o *lorgnon*. A velha se afastou com um ar de grande superioridade, não sem dizer para o padre José Pedro:
> – Assim o senhor não vai longe, padre. Tenha mais cuidado com suas relações.
> Pedro Bala ria cada vez mais, e o padre também riu, se bem se sentisse triste pela velha, pela incompreensão da velha. Mas o carrossel girava com as crianças bem vestidas e aos poucos os olhos dos Capitães da Areia se voltaram para ele e estavam cheios de desejo de andar nos cavalos, de girar com as luzes. Eram crianças, sim – pensou o padre (Amado, 2008, p. 81-82, itálicos do autor).

Destacamos que a noção de humanização do destinador sócio-histórico só se consolida pelas estratégias sutis que lhe garantam a sustentação negacionista. É necessário negar qualquer tipo de política de extermínio e de genocídio, de desigualdade social e de violação de direitos, como bem fazem com o "mito da democracia racial", por exemplo (Fernandes, 2007; Nascimento, 2016; Ribeiro, 2019). Afinal, os discursos discriminatórios dos agentes da segurança pública (o chefe de polícia, o juiz de menores e o diretor do reformatório baiano) ancoram-se na camuflagem dos reais problemas para consolidar suas estratégias de manipulação da sociedade[11].

Como já mostramos, esse papel é desempenhado pelos aparelhos ideológicos e institucionais, em especial pela grande imprensa, que se apresentam como mecanismos especializados em distorcer os fatos e negar a evidente opressão que tutela os corpos dos indivíduos. Extrai-se daí uma tipologia dos sujeitos, a partir da qual se organizam os regimes da *humanização* e da *mistificação*, por um lado, e os regimes da *abjeção* e da *inanição*, por outro (Esquema 3). O romance nada mais faz do que abordar o princípio de exclusão como sanção pragmática em um campo de disputa simbólica, que sustenta o modelo de exploração capitalista em nome dos interesses das instituições hegemônicas.

Esquema 3 – Tipologia dos sujeitos

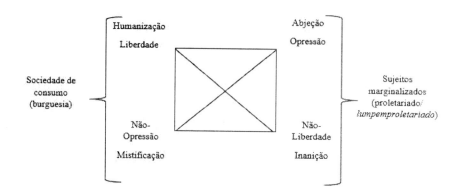

Fonte: elaboração própria

Os regimes de constituição dos personagens ora propostos configuram uma distribuição dos sujeitos marcada pela distinção dos aspectos políticos e morais projetados a partir da *humaniza-*

---

[11] Ressaltamos as considerações de Barros (2008) sobre o preconceito e a intolerância construídos na/pela linguagem. A pesquisadora mostra-nos que esses discursos apresentam diferentes tipos de intolerância hierarquizados, podendo ser explícitos os "discursos intolerante de base" (ou primários) ou, ainda, podendo se apresentar como "discursos intolerantes secundários", cuja manifestação esconde um preconceito de base. Pensemos, por exemplo, no discurso racista como discurso de base e no discurso de intolerância religiosa contra religiões de matriz africana como secundário, uma vez que este está ancorado naquele.

ção e da noção de *liberdade abstrata*. Ao mesmo tempo, o regime da inanição como cosmologia da "não-liberdade" alinha-se à negação dessa liberdade burguesa e se aproxima da possibilidade concreta de escolha. Por isso também, é tomado como o lugar da privação de direitos, o "não-lugar" ou o lugar da segregação.

O regime da *abjeção*, por sua vez, é caracterizado como o espaço da opressão propriamente dita, em que se dá o esvaziamento da condição humana e, em última e grave instância, a eliminação do tomado e/ou interpretado como diferente, ou seja, a violação do direito à vida. Já no regime da *mistificação*, dá-se a negação de qualquer política de exclusão e/ou de violação de direitos humanos. É o regime, por excelência, da atuação dos aparelhos ideológicos em conformidade com os interesses daqueles que detêm os meios de produção e de controle.

Para além da luta de classe, elemento seminal, a obra de arte deixa explícita o rompimento com a dinâmica agregadora, comum em alguns textos oficiais de interpretação do Brasil e em obras literárias que ressaltam a passividade e a disponibilidade do povo para o massacre de sua identidade em nome da agregação imperialista. Com essa afirmação não estamos implicando uma separação total entre a obra amadiana e a identidade nacional construída pela literatura. Na verdade, a interpretação dessa informação levanta uma questão mais urgente a ser ponderada no exame da construção da identidade nacional em vista da não dissimulação amadiana na representação real dos sistemas marginalizados que, uma vez ocultados e silenciados entre os cânones literários, contribui para a construção de um ideal de Estado-Nação coletivo e pluralizado (Fiorin, 2009).

Em síntese, os sujeitos do romance *Capitães da Areia* não se mostram identificados com o opressor e com as noções de liberdade da sociedade de consumo, porque se opõem às predisposições e aos regimes culturalistas institucionalizados. A demanda "transgressora", em uma sociedade marcada pela maximização dos privilégios e dos capitais econômico e social, operacionaliza a triagem da triagem[12] que visa aos valores de absoluto por meio da atuação

---

[12] Pode-se, a partir das considerações de Zilberberg (2004) sobre a mestiçagem, organizar dois tipos de culturas: a cultura da triagem e a cultura da mistura. A primeira é da ordem do descontínuo, da restrição de circulação, do fechamento, da exclusividade e da concentração, e a segunda assenta-se no primado da continuidade, do intercâmbio cultural, da participação. Os valores da triagem são valores de absolutos, de intensidade. Já os valores da mistura mostram-se universais, extensos.

do Estado enquanto gestor da opressão, já que sua atuação não se encontra dentro dos padrões de legalidade do monopólio da violência legítima.

Finalmente, vale a pena destacar que a genialidade do romance na interpretação da realidade é tal que podemos dizer que esboça, com clareza, a atuação do Estado Penal e sua metodologia de punição e exclusão dos mais pobres. Por tudo isso, críticos e pensadores como Roger Bastide e Eduardo Portella afirmaram – acreditamos que por boas razões – que o romance em análise é uma espécie de documento sociológico e histórico, dado que se debruça sobre a hierarquia social brasileira. Tudo isso confirma a hipótese inicial de que, em *Capitães da Areia*, há uma clara descontinuidade com o projeto de identidade nacional construído por meio do discurso literário, segundo o qual a eufórica celebração da mistura é elemento constitutivo de nossa cultura. Seja ela engajada ou ingênua, inovadora ou estereotipada, a obra amadiana não deixa de ultrapassar, portanto, a noção "democrática e cordial" da sociedade brasileira.

Capítulo 2

Os estados passionais

No presente capítulo examinaremos a semântica passional. As paixões, nesse encaminhamento metodológico, são compreendidas como efeitos de sentido de qualificações modais que alteram o sujeito de estado. Aqui, é privilegiada a análise do personagem Sem-Pernas, que nos oferece uma fina compreensão acerca das diferentes configurações passionais assumidas diante das desigualdades e das intensas privações de direitos como prática legitimada.

Em um primeiro momento, pautamos esta discussão a partir da configuração léxico-semântica e da sintaxe modal da cólera e, posteriormente, ilustraremos essa sintaxe modal à luz do *Esquema Passional Canônico*. Em seguida, abordaremos o percurso da lembrança e as memórias das experiências do sujeito mediante os desenvolvimentos tensivos da semiótica.

2.1 O sujeito que sofre: considerações iniciais

Na esfera dos estudos linguístico-discursivos, diversos pesquisadores debruçaram-se sobre os arranjos sintagmáticos da cólera, entre eles Algirdas Julien Greimas. O semioticista lituano apresenta uma metodologia em que exibe as decomposições e as vicissitudes patêmicas do sujeito encolerizado. Desse modo, não pretendendo nos distanciar das considerações esboçadas, examinaremos o sentimento da cólera discursivizado frente às experiências traumáticas vividas pelo sujeito que sofre intensas injustiças sociais, práticas de violência e exigências desmedidas. Essa particularidade dos personagens dos romances sociais amadianos nos permite diferenciar, em certa medida, de outras abordagens sobre a cólera presentes em diversas obras literárias.

Comecemos com o diagnóstico da lexicalização do verbete cólera no dicionário, uma vez que o discurso da cultura dispõe de coerções enunciativas resultantes de valores culturais e ideológicos

(Greimas; Fontanille, 1993). Em Michaelis, a cólera é definida como impulso violento, irritação forte que incita contra o que nos ofende ou indigna; fúria, furor, ímpeto, ira; no Petit Robert, como violento descontentamento acompanhado de agressividade.

Greimas (2014, p. 234), apropriando-se da segunda definição da paixão-lexema, estabelece a configuração sintagmática da cólera a partir da sequência passional: "frustração – descontentamento – agressividade". Fontanille (2008, p. 96), ao impor alguns pontos prévios de situação, complementa a estrutura modal a partir de implicações previsíveis e faz surgir assim o arranjo "confiança – espera – frustração – descontentamento – agressividade – explosão". Como explica Fiorin (2007), essas variantes inauguram, por sua vez, novos estados passionais que serão marcados por rupturas, bloqueios, sobredeterminações, instabilidades de aspectualização (incoativa, durativa, interativa, terminativa), de temporalização (passado, presente, futuro) e de modulação tensiva (dimensão intensa e dimensão extensa).

Portanto, nosso ponto de partida se localiza no estado inicial fiduciário, na espera do sujeito apaixonado, situação que pressupõe um estado anterior de relaxamento e um contexto de crença e de confiança estabelecido entre sujeito de estado (S1) e sujeito de fazer (S2). De qualquer modo, a frustração é decorrente do abalado e da tensão modal matizada pela impossibilidade de concretização dos desejos, que revela a confiança mal depositada nos valores e nas relações modais firmadas – ou, ao menos, imaginadas como simulacros passionais, é bom que se diga – com o sujeito de fazer.

Exposto em termos semióticos, discorremos, de um lado, sobre a *espera simples*, quando o sujeito de estado almeja entrar em conjunção com o objeto-valor, e, de outro, sobre a *espera fiduciária*, quando o sujeito de estado crê contar com o sujeito de fazer para a consolidação de seus direitos e esperanças. Contudo, o choque modal decorrente da não realização de seus anseios e desejos desencadeia os estados terminativos da insatisfação e da decepção em direção ao estado incoativo da falta (Greimas, 2014).

A insatisfação e a decepção geram o estado de descontentamento, entendido como a necessidade de *querer-fazer* mal ao outro devido à injustiça sofrida, que inaugura, para ficarmos com a acertada expressão de Greimas, o *pivô passional*. Desta feita, estabelecem-se as condições necessárias para a instalação do sujeito de fazer, o sujeito considerado responsável por liquidar as faltas. Uma vez competente para ação, o sujeito malevolente é modalizado pelo desejo de fazer mal ao destinador e inicia seu PN *de revolta*, ou, ainda, contra o antissujeito, seu PN *de vingança*.

Busca-se, em síntese, hostilizar, ultrajar ou, em última e grave instância, prejudicar violentamente aquele que lhe fez mal, que lhe ofendeu, responsabilizando-o pela impossibilidade de concretização dos projetos. Noutros termos, caracteriza-se como o exercício prático de agir contra o responsável pelas suas perdas e esperanças. Vale a pena destacar que nem sempre a insatisfação e a decepção evoluem obrigatoriamente em direção ao descontentamento com resultados pragmáticos, como é o caso da cólera. Pode-se, assim, inaugurar, de maneira atenuada, sentimentos de amargura, de rancor, de ressentimento e de ira.

O estágio de agressividade é assumido somaticamente pelo sujeito patêmico diante de seu destinador ou de seu antissujeito. Muitas vezes, o descontentamento associado à agressividade dá musculatura ao sadismo, ao sentir prazer com o sofrimento alheio como fonte de reequilíbrio e reparação moral. Nesse ponto, estamos situados na exacerbação da paixão do ódio e da violência como espécie de reparação da aflição enfrentada. Já a explosão da cólera diz respeito ao estágio em que o sujeito sana consigo mesmo os conflitos e as tensões acumuladas, "sem nenhuma consideração pelos objetos perdidos, pelos antissujeitos incriminados, ou pelos danos causados" (Fontanille, 2005, p. 65). Com efeito, podemos defini-la como o momento por excelência da indiferença, marcada pela extrema manifestação somática de irritação.

Em resumo, essas implicações denotam a complexidade da paixão analisada em sua dinâmica e sucessão de estágios passionais que alteram e afligem a existência do sujeito colérico e, por assim dizer, do corpo semântico em suas experiências cognitiva, social e comportamental, mobilizado na construção do sentido. Em nossa proposta – e esse será um dos nossos pontos de partida neste capítulo –, a paixão da cólera busca sempre uma performatividade conspurcada e a tragédia como solução pelas injustiças sociais.

2.2 A cólera como compulsão

Para compreensão dos estados passionais em *Capitães da Areia*, privilegiamos o personagem Sem-Pernas que, além dos argumentos oferecidos anteriormente, mostra-se emocionalmente particular quando comparado aos demais meninos abandonados que, como constatado, não se encontram identificados com a noção de liberdade e de humanidade das instituições hegemônicas.

O personagem com deficiência, ainda assim, evidencia seu apreço aos valores afetivos, parentais e, sobretudo, aos vínculos familiares, que lhe causam uma extrema frustração. É o sujeito que, por considerar atraente os valores do microuniverso semântico do destinador, deseja ser amado (*querer-ser*), mas se encontra impossibilitado (*não-poder-ser*) diante das desigualdades sociais, força motriz do regime social de que inevitavelmente faz parte:

> [...] O que ele queria era felicidade, era alegria, era fugir de toda aquela miséria, de toda aquela desgraça que os cercava e os estrangulava. Havia, é verdade, a grande liberdade das ruas. Mas havia também o abandono de qualquer carinho, a falta de todas as palavras boas. [...] Ele queria uma coisa imediata, uma coisa que pusesse seu rosto sorridente e alegre, que o livrasse da necessidade de rir de todos e de rir de tudo. Que o livrasse também daquela angústia, daquela vontade de chorar que o tomava nas noites de inverno. Não queria o que tinha Pirulito, o rosto cheio de uma exaltação. Queria alegria, uma mão que o acarinhasse, alguém que com muito amor o fizesse esquecer o defeito físico e os muitos anos, talvez tivessem sido apenas meses ou semanas, mas para ele seriam sempre longos anos que vivera sozinho nas ruas da cidade, hostilizado pelos homens que passavam, empurrado pelos guardas, surrado pelos moleques maiores (Amado, 2008, p. 38).

No trecho analisado, observamos uma espera do sujeito patêmico em relação à sua conjunção com o objeto-valor: "queria alegria, uma mão que o acarinhasse, alguém que com amor o fizesse esquecer o defeito físico..." (Amado, 2008, p. 38). Mostra-se, assim, como um portador de expectativas e esperanças para o cuidado parental que, por ocasião da evidente impossibilidade de ingresso na dinâmica patriarcal/capitalista, é responsável pela profunda tristeza e angústia instaladas.

É bom que se diga que, no caso de Sem-Pernas, há uma intensa indiferença consigo mesmo e, especialmente, com os outros, até mesmo diante das relações hierárquicas atreladas às conexões intersubjetivas, que resulta numa eterna sensação de deslocamento, de despertencimento. Por isso, em diversos momentos, constata-se seu forte escárnio como fonte de prazer imediato, uma ridicularização exacerbada sobre as múltiplas identidades que o rodeiam, um prazer na humilhação que demarca o caráter polêmico do personagem. É como se precisasse traçar infinitas possibilidades de hostilização para manter seus defeitos e frustrações virtualizados no silêncio e na dissimulação.

Observe, no excerto a seguir, como nem mesmo os colegas do bando de meninos em situação de rua são poupados das pilhérias e das maldades do personagem:

> [...] O Sem-Pernas costumava burlar dele [Pirulito], como de todos os demais do grupo, mesmo de Professor, de quem gostava, mesmo de Pedro Bala, a quem respeitava. Logo que um novato entrava para os Capitães da Areia formava uma ideia ruim de Sem-Pernas. Porque ele logo botava um apelido, ria de um gesto, de uma frase do novato. Ridicularizava tudo, era dos que mais brigavam. Tinha mesmo fama de malvado. Uma vez fez tremendas crueldades com um gato que entrara no trapiche. E um dia cortara de navalha um garçom de restaurante para furtar apenas um frango assado. Um dia em que teve um abscesso na perna o rasgou friamente a canivete e na vista de todos o espremeu rindo. Muitos do grupo não gostavam dele, mas aqueles que passavam por cima de tudo e se faziam seus amigos diziam que ele era um 'sujeito bom'. No mais fundo do seu coração, ele tinha pena da desgraça de todos. E rindo, ridicularizando, era que fugia de sua desgraça. Era como um remédio (Amado, 2008, p. 37).

Para Greimas (2014, p. 238), "a espera do sujeito não é uma simples vontade, ela se inscreve no quadro anterior que era constituído pela confiança". O sujeito de estado acredita contar com o sujeito de fazer para a concretização de suas esperanças. Nesse sentido, a frustração do sujeito decorre da não realização do compromisso do destinador sócio-histórico, ancorado na linguagem de "dignidade humana", que, uma vez limitada aos discursos oficiais da sociedade aristocrática baiana, não permite a concretização da cidadania, ou seja, o exercício pleno do direito.

A partir do recrudescimento das desigualdades e das intensas violações de direitos básicos (alimentação, moradia, dignidade, família, para mencionar os mais visíveis), o personagem mostra ter uma consciência da confiança mal depositada no modelo de bem-estar e de proteção social que, assinalado como simulacro cultural pela democracia participativa, é um privilégio de classe na sociedade brasileira e, por assim dizer, um privilégio burguês.

Ainda que confrontado com a evidente incompatibilidade modal e com seu cancelamento como sujeito de direito, a criança com deficiência insiste em seus desejos contraditórios, mantendo-os ativados como em um processo de alienação para compensação emocional dados os percalços da primeira infância. Com isso, podemos dizer que Sem-Pernas, tomado por um deslumbramento neurótico sobre os valores da sociedade de consumo com os quais não se encontra alinhado, e Pirulito, com sua religiosidade viciosa, divergem da emancipação política dos Capitães da Areia, sobre a qual discorremos em momentos anteriores.

Nos dois casos, nota-se um apreço, em menor ou maior medida, pelos valores das instituições sociais no que diz respeito ao depósito de esperanças no destinador-transcendental, sejam ele Deus ou o capital, muito embora transgridam existencialmente o padrão e a normalidade do poder imposto. Não à toa, o sujeito patêmico, a partir das violências sistemáticas à sua experiência, dá uma guinada à ludicidade ao ponto de romper com os limites impostos, desde o momento em que compreende a dinâmica de escamoteamento de que é vítima. Para isso, abandona a ingenuidade infantil em troca de uma visão trágica da realidade. Isto é, entende, paulatinamente ao longo do vivido, a perda de subjetividade e de corporeidade em troca da individualidade burguesa, dos objetos de consumo ou, ainda, da ilusão de que, em quase todos os momentos da narrativa, o menino abandonado tinha deles.

Daí decorrem não só a decepção com a sociedade, que se mostra descompromissada em realizar o esperado, já que não assume a responsabilidade frente ao problema do abandono infantil, mas também a insatisfação com a impossibilidade concreta de entrar em conjunção com os afetos parentais, pelos quais projetou uma atmosfera de expectativa desde cedo, nessa tendência paradoxal de amar o que não se tem e odiar o que não se pode ter ao mesmo tempo.

Não nos esqueçamos da decepção consigo mesmo quando ciente da impossibilidade de conjungir com aquilo que deveria ser direito de todos, os direitos mínimos, a cidadania. Instala-se o irrefreável descontentamento que norteia as ações do personagem: Sem-Pernas busca a tragédia implicada na autodestruição recíproca, pois dessubjetivado tampouco existe para si mesmo. Nesse ponto, é como se mascarasse a denúncia social mediante sua introjeção pela sociedade brasileira como inaproveitável e como deslocado da padronização compulsória. Em termos pragmáticos, direciona-nos à justificativa da barbárie e ao aniquilamento daquele que o enganou. Podemos reunir assim as condições clássicas de um paradigma de fácil reconhecimento para resolução dos males sofridos, a tragédia, a ânsia pela destruição:

> Depois encontrou os Capitães da Areia (foi o Professor quem o trouxe, haviam feito camaradagem num banco de jardim) e ficou com eles. Não tardou a se destacar porque sabia como nenhum afetar uma grande dor e assim conseguir enganar senhoras, cujas casas eram depois visitadas pelo grupo já ciente de todos os lugares onde havia objetos de valor e de todos os hábitos da casa. E o Sem-Pernas tinha verdadeira satisfação ao pensar em quanto o xingariam aquelas senhoras que o haviam tomado por um pobre órfão. Assim se vingava, porque seu coração estava cheio de ódio. Confusamente desejava ter uma bomba como daquelas de certa história que o Professor contara que arrasasse toda a cidade, que levasse todos pelos ares. Assim ficaria alegre. Talvez ficasse também se viesse alguém, possivelmente uma mulher de cabelos grisalhos e mãos suaves, que o apertasse contra o peito, que acarinhasse seu rosto e o fizesse dormir um sono bom, um sono que não estivesse cheio dos sonhos da noite na cadeia. Assim ficaria alegre, o ódio não estaria mais no seu coração (Amado, 2008, p. 39).

Desse modo, a criança é tomada por uma incessante necessidade de *querer fazer* mal à sociedade como um todo, um desejo alimentado na destruição do outro. Não se trata mais, nesse instante, de compreender o ódio como um simples sentimento resultante de humilhações particulares e voltado para um indivíduo específico, porque o sujeito passa a se alimentar do sofrimento causado a todos, sem discriminação de qualquer espécie. Nessa dinâmica, podemos dizer que o ódio goza aqui de um *status* privilegiado, pois funciona como excesso emocional que responde ao comportamento sádico direcionado à coletividade, pois não se sabe contra o quê ou contra quem se lança a cólera. Em jogo está o sentir prazer com o sofrimento alheio decorrente das imbricações passionais e, até mesmo, dos momentos de tensão e de estupor que o levaram à incapacidade de agir imediatamente contra seus algozes.

Abre-se margem para compreendermos um segundo fator, também óbvio, mas essencial, que diz respeito à incompletude das ações humanas diante do sofrimento dele, pois suas experiências são sempre de má realização. Nada é da ordem do acabamento, sempre há falta para Sem-Pernas. Por mais que experimentados os valores eufóricos desejados, não há mais um reconhecimento e uma plenitude nas ações praticadas. Notemos como essas questões são colocadas no seguinte trecho, que fala sobre sua relação com a vitalina Joana:

> Sem-Pernas levanta estremunhado. Um grande cansaço nos seus membros. Aquelas noites são como batalhas. Nunca é um gozo completo, uma satisfação total. A solteirona quer uma migalha de amor. Teme o amor completo, o escândalo de um filho. Mas tem sede e fome de amor, quer nem que sejam as migalhas. Mas Sem-Pernas quer fazer o amor completo, aquilo o irrita, faz crescer seu ódio. Ao mesmo tempo se sente preso ao corpo da solteirona, às carícias a meio, trocadas na noite. Uma coisa o retém naquela casa. Se bem ao acordar tenha ódio de Joana, uma raiva impotente, uma vontade de a estrangular já que não a pode possuir totalmente, se a acha feia e velha, quando a noite se acerca fica nervoso pelos carinhos da vitalina, pela mão que movimenta seu sexo de menino, pelos seus seios onde repousa a cabeça, pelas suas coxas grossas. Imagina planos para a

> possuir, mas a solteirona os frustra, fugindo no último momento, e ralha com ele em voz baixa. Uma raiva surda possui Sem-Pernas. Mas a mão dela vem de novo para seu sexo e ele não pode lutar contra o desejo. E volta àquela luta tremenda da qual sai nervoso e esgotado. Durante o dia responde mal a Joana, diz brutalidades, a solteirona chora. Ele a chama de vitalina, diz que vai embora. Ela lhe dá dinheiro, pede que ele fique. Mas não é pelo dinheiro que ele fica. Fica porque o desejo o retém. Já sabe qual a chave que abre a sala onde Joana guarda seus objetos de ouro. Sabe como tirar a chave para levá-la aos Capitães da Areia. Mas o desejo o retém ali, junto dos seios e das coxas da vitalina. Junto da mão da vitalina (Amado, 2008, p. 239-240).

Ora, a revolta se consolida como vetor da narrativa: o sujeito apresenta-se como um exímio espião que, travestido de bom menino e desviado da ética, busca localizar os bens valiosos das residências e dos palacetes localizados na Cidade Alta, o espaço tematizado pela "liberdade", que é figurativizado pela sociedade burguesa (v. 3.3).

Todos sabemos que o êxito e a excelência dos furtos dos Capitães da Areia dependem inteiramente de sua capacidade de manipulação e de dissimulação frente às exigências primeiras de suas vítimas. Todavia, como já sustentado, o que motiva sua performatividade transgressora é a possibilidade concreta de causar sofrimento ao outro mesmo que para isso abdique de hábitos e vícios, como acontece com o cigarro na casa de Ester:

> Mas desta vez estava sendo diferente. Desta vez não o deixaram na cozinha com seus molambos, não o puseram a dormir no quintal. Deram-lhe roupa, um quarto, comida na sala de jantar. Era como hóspede, era como um hóspede querido. E fumando o seu cigarro escondido o Sem-Pernas pergunta a si mesmo por que está se escondendo para fumar, o Sem-Pernas pensa sem compreender. Não compreende nada do que se passa. Sua cara está franzida. Lembra os dias da cadeia, a surra que lhe deram, os sonhos que nunca deixaram de persegui-lo. E, de súbito, tem medo de que nesta casa sejam bons para ele. Sim, um grande medo de que sejam bons para ele. Não sabe mesmo porque, mas tem medo. E levanta-se, sai do seu esconderijo e vai fumar bem por baixo da janela da senhora. Assim verão que é um menino per-

> dido, que não merece um quarto, roupa nova, comida na sala de jantar. Assim o mandarão para a cozinha, ele poderá levar para diante sua obra de vingança, conservar o ódio no seu coração. Porque se esse ódio desaparecer, ele morrerá, não terá nenhum motivo para viver. E diante dos seus olhos passa a visão do homem de colete que vê os soldados a espancar o Sem-Pernas e ri numa gargalhada brutal. Isso há de impedir sempre o Sem--Pernas de ver o rosto bondoso de dona Ester, o gesto protetor das mãos do padre José Pedro, a solidariedade dos músculos grevistas do estivador João de Adão. Será sozinho e seu ódio alcança a todos, brancos e negros, homens e mulheres, ricos e pobres. Por isso teme que sejam bons para consigo (Amado, 2008, p. 125).

Ou seja, a revolta contra o destinador funciona como reequilíbrio emocional, sem piedade ou remorso. Cancelada sua cidadania, é reconhecido então como o espião do grupo: "aquele que sabia se meter na casa de uma família uma semana, passando por um bom menino perdido dos pais na imensidão agressiva da cidade" (Amado, 2008, p. 33). Para o êxito da missão, simula o papel temático de criança órfã com deficiência, ironicamente vítima das circunstâncias da vida, cuja finalidade é comover pateticamente as famílias nessa combinação necessária de arquétipo alegórico do romance romanesco (Duarte, 1996).

Convenhamos que ainda nos referimos àquela sociedade classista, capacitista, colonialista e racista que aparentemente mostra-se solidária com os sentimentos alheios, mas, na essência dos fatos, encontra uma oportunidade para adotá-lo como servo, menosprezando-o em sua subjetividade. Não nos esqueçamos do jogo de reconhecimento dos semelhantes fundamentado na tragédia da escravidão em nossa formação cultural, que dinamiza as relações e os valores sociais no regime do capital. Nesse código de valores em que os indivíduos são coisificados, nunca ninguém o amara pelo que ele era verdadeiramente, um menino em situação de rua e com deficiência física.

Sem-Pernas consolida seu projeto contra seus algozes porque tem uma disposição e uma competência inicial para a realização da empreitada. Ressentido, ele quer, deve e sabe fazer comover, passar-se por um bom menino, localizar os bens valiosos e permitir os furtos dos Capitães da Areia. Ainda assim, depende da aptidão e da sensibilidade provocada em suas vítimas. E, além do mais, do compadecimento delas. A respeito disso, podemos ler o seguinte diálogo entre Sem-Pernas e a redentora Ester, quando se mostra comovida com o sofrimento dele ao ponto de adotá-lo como filho. Nesse caso particular, apesar da boa intenção de Ester e Raul, a personagem é vítima de todo um aparato estético que o escamoteia ao ponto de transformá-lo em uma imitação estética de Augusto, o filho perdido do casal:

> [...] – Que é, meu filho?
> – Dona, eu sou um pobre órfão....
> A senhora fez com a mão sinal que ele esperasse e dentro de poucos minutos estava no portão sem ouvir sequer as desculpas da empregada por não ter atendido à porta:
> – Pode dizer, meu filho, olhava os farrapos do Sem-Pernas.
> – Dona, eu não tenho pai, faz só poucos dias que minha mãe foi chamada pro céu – mostrava um laço preto no braço, laço que tinha sido feito com a fita do chapéu novo do Gato, que se danara. – Não tenho ninguém no mundo, sou aleijado, não posso trabalhar muito, faz dois dias que não vejo de comer e não tenho onde dormir.
> Parecia que ia chorar. A senhora olhava muito impressionada:
> – Você é aleijado, meu filho?
> O Sem-Pernas mostrou a perna capenga, andou na frente da senhora forçando o defeito. Ela o fitava com compaixão:
> – De que morreu sua mãe?
> – Mesmo não sei. Deu uma coisa esquisita na pobre, uma febre de mau agouro, ela bateu a caçoleta em cinco dias. E me deixou só no mundo... Se eu ainda aguentasse o repuxo do trabalho, ia me arranja. Mas com esse aleijão só mesmo numa casa de família... A senhora não tá precisando de um menino pra fazer compra, ajudar no trabalho da casa? Se tá, dona...
> E como o Sem-Pernas pensasse que ela ainda estava indecisa completou com cinismo, uma voz de choro:
> – Se eu quisesse me metia aí com esses meninos ladrão. Com os tal de Capitães da Areia. Mas eu não sou disso, quero é trabalhar. Só que não aguento um trabalho pesado. Sou um pobre órfão, tou com fome... (Amado, 2008, p. 120-121).

Acolhido, o sujeito malevolente é agora modalizado pelo poder-fazer, que o distancia do ressentimento. Então, reúne todos os ingredientes para liquidar sua falta, pois se encontra plenamente competente para consolidar seu Programa Narrativo de Revolta. Ele quer a destruição do destinador, embora evidencie seu apego ao conforto da vida burguesa e as possibilidades oferecidas, com as quais por tanto tempo sonhara: "Mas a comida, a roupa, o quarto, e mais que a comida, a roupa e o quarto, o carinho de dona Ester tinham feito que ele passasse já oito dias..." (Amado, 2008, p. 131).

Em todo caso, os valores oferecidos já não fazem mais tanta diferença diante da gravidade da vida marginal, pois de nada adiantaria viver uma vida confortável quando os demais meninos em situação de rua, assim como ele, estariam em condições de abandono, com fome, num velho trapiche localizado no cais do porto. Devido à orientação violenta que o define, o dilema gira em torno da prevalência da lei do bando, da qual se torna vítima e que se sobressai, como comum no mundo da criminalidade, mesmo quando frente à possibilidade de uma vida melhor. Vejamos:

> E leu uma notícia no jornal:
>
> Ontem desapareceu da casa número... da rua..., Graça, um filho dos donos da casa, chamado Augusto. Deve ter se perdido na cidade que pouco conhecia. É coxo de uma perna, tem treze anos de idade, é muito tímido, veste roupa de casimira cinza. A polícia o procura para o entregar aos seus pais aflitos, mas até agora não o encontrou. A família gratificará bem quem der notícias do pequeno Augusto e o conduza a sua casa.
>
> O Sem-Pernas ficou calado. Mordia o lábio. Professor disse:
> – Ainda não descobriram o furto...
> Sem-Pernas fez que sim com a cabeça. Quando descobrissem o furto não o procurariam mais como a um filho desaparecido. Barandão fez uma cara de riso e gritou:
> – Tua família tá te procurando, Sem-Pernas. Tua mamãe tá te procurando pra dar de mamar a tu...
> Mas não disse mais nada, porque o Sem-Pernas já estava em cima dele e levantava o punhal. E esfaquearia sem dúvida o negrinho se João Grande e Volta Seca não o tirassem de cima dele. Barandão saiu amedrontado. O

> Sem-Pernas foi indo para o seu canto, um olhar de ódio para todos. Pedro Bala foi atrás dele, botou a mão em seu ombro: – São capazes de não descobrir nunca o roubo, Sem-Pernas. Nunca saber de você... Não se importe, não. – Quando doutor Raul chegar vão saber... E rebentou em soluços, que deixaram os Capitães da Areia estupefatos. Só Pedro Bala e o Professor compreendiam, e este abanava as mãos porque não podia fazer nada. Pedro Bala puxava uma conversa comprida sobre um assunto muito diferente. Lá fora o vento corria sobre a areia e seu ruído era como uma queixa (Amado, 2008, p. 134).

Após abandonar a casa das vítimas, de forma agressiva e sem nenhum escrúpulo, o inevitável sofrimento do destinador em razão das perdas materiais provoca o interativo prazer que alimenta o coração do sujeito colérico. Mesmo que com Ester e Raul a experiência da criança tenha sido diferente, o sadismo pela violência e o fracionamento das humilhações levadas ao extremo provocam a compulsão por repetição no ato, numa espécie de motor de impulso para a realização do fazer passional em busca do sofrimento daquele que o enganou.

Em decorrência de sua não evolução passional, abre-se margem à explosão da cólera. No fim das contas, "quando os corações das demais crianças ainda estão puros de sentimentos, o do Sem-Pernas já estava cheio de ódio. Odiava a cidade, a vida, os homens. Amava unicamente o seu ódio, sentimento que o fazia forte e corajoso apesar do defeito físico" (Amado, 2008, p. 251).

A cólera corrói o sentido de sua existência, e arriscaria dizer que é a principal causa que o conduz à morte prematura e voluntária. Dá-se a pulsão de morte que o leva ao suicídio dissociativo ou esquizoide, para utilizar a definição de Dunker (2021), em que se prevalece a falta de sentido derivada da organização social, situado no momento em que se reconhece a impossibilidade de conjunção com a proteção social e a responsabilidade afetiva e parental. Sem-Pernas se mata por se sentir sozinho, abandonado, deslocado, vítima do sistema que o produziu. Nutre-se do desejo de matar ao passo que seu destino só pode ser o suicídio. Mais do que isso, mata-se como revolta na busca de uma compensação destrutiva para o seu sofrimento mediante as instâncias do escamoteamento e da liberdade que o conduz à realidade suicida.

2.3 O esquema passional canônico

Na abordagem do Esquema Passional Canônico, adotaremos o modelo de constituição sintagmático apresentado por Greimas e Fontanille em *Semiótica das paixões* (1993), organizado de acordo com o sequenciamento: Constituição > Sensibilização > Moralização (Esquema 4). A Sensibilização, por seu turno, desdobra-se em uma Disposição, uma Patemização e uma Emoção, que correspondem ao momento juntivo estabelecido na relação entre sujeito e objeto patêmico. Detalharemos esse modelo com textos já enunciados nas seções anteriores e com outros complementares que, associados aos conflitos da criança, somam-se à progressão da análise.

Antes de avançarmos, é necessário esclarecer o argumento de que Sem-Pernas é o único sujeito do romance amadiano com uma composição narrativa linear, para que não nos alinhemos às críticas que consideram os personagens amadianos com pouca ou quase nenhuma carga psicológica por exatamente desconsiderarem os efeitos discursivos pretendidos. Queremos enunciar com isso que, no caso particular de Sem-Pernas, temos ciência das ações do indivíduo desde os momentos iniciais de sua existência, quando foge da casa de um padrinho, até o desfecho de sua história, representado pelo autoextermínio. Tudo isso nos permite ilustrar, conforme pretendemos mostrar a seguir, as etapas de constituição do Esquema Passional Canônico.

Esquema 4 – Esquema Passional Canônico

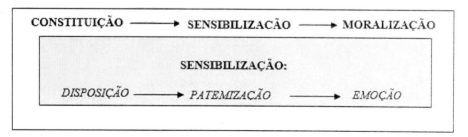

Fonte: própria, a partir de Greimas e Fontanille (1993)

SOBRE O ROMANCE SOCIAL: IDEOLOGIA E SIGNIFICAÇÃO EM CAPITÃES DA AREIA

Partindo da etapa de Constituição, em que se observa um determinismo social, psicológico e histórico atrelado à subjetividade, resgataremos momentos importantes do personagem.

Sabemos que antes de ingressar aos Capitães da Areia, a criança abandona a casa de um padeiro, a quem chamava de padrinho, que o surrava constantemente. Em certo momento, morou sozinho nas ruas da cidade e até mesmo chegou a ser preso pelos soldados, que o torturaram com uma borracha. Quando preso, na delegacia, é humilhado em virtude de sua deficiência física. Como se enuncia em diferentes trechos do romance, o menino tem uma perna coxa e é vítima constantemente da truculência capacitista e da arbitrária violência policial. Essas condições sociais e psicológicas o afetam ao ponto de desapropriá-lo de suas competências modais justamente por presentificarem, ao longo do tempo e do espaço, os acontecimentos traumáticos. Mais do que isso, configura-se como um sujeito avesso àquilo que não pode sentir:

> Nunca tivera família. Vivera na casa de um padeiro a quem chamava 'meu padrinho' e que o surrava. Fugiu logo que pôde compreender que a fuga o libertaria. Sofreu fome, um dia levaram-no preso. Ele quer um carinho, uma mão que passe sobre os seus olhos e faça com que ele possa se esquecer daquela noite na cadeia, quando os soldados bêbados o fizeram correr com sua perna coxa em volta de uma saleta. Em cada canto estava um com uma borracha comprida. As marcas que ficaram nas suas costas desapareceram. Mas de dentro dele nunca desapareceu a dor daquela hora. Corria na saleta como um animal perseguido por outros mais fortes. A perna coxa se recusava a ajudá-lo. E a borracha zunia nas suas costas quando o cansaço fazia parar. A princípio, chorou muito, depois, não sabe como, as lágrimas secaram. Certa hora não resistiu mais, abateu-se no chão. Sangrava. Ainda hoje ouve como os soldados riam e como riu aquele homem de colete cinzento que fumava um charuto (Amado, 2008, p. 38).

Logo somos direcionados à segunda etapa do esquema, a Sensibilização, em que se dá a manifestação da paixão propriamente dita. Já sabemos, por exemplo, que Sem-Pernas se encontra impossibilitado diante de seus desejos. Recapitulemos: ele deseja ser amado (*querer-ser*) segundo a lógica dos valores afetivos, porém se encontra impossibilitado (*não-poder-ser*) devido à posição que ocupa na hierarquia social.

Dá-se a Disposição, a do sujeito interditado, porque, embora concentrado na busca dos valores impossíveis, encontra-se distanciado da dinâmica de estratificação. Desenvolvem-se, como resultados, outros estatutos em relação aos percursos narrativos do sujeito, dos quais emergem a decepção, a frustração, a cólera e a morte voluntária, todas associadas às consequências das assimetrias conjunturais, dos conflitos éticos e morais. Sem-Pernas, embora não concretize o percurso do *Bildungsroman*[13] (romance de formação realista), não deixa de marcar o desencanto e a desilusão decorrentes do choque modal entre o mundo visível (aparência) e o que se mostra ocultado (essência).

A *Patemização* aparece em seguida, a partir do choque modal instalado. Nessa etapa, integra-se o descontentamento como produto da impossibilidade aparentada (*não-poder-ser*), que desloca o personagem para o campo da impaciência e do recalcamento. É bom ressaltar que a frustração e a decepção têm como ponto de chegada a demanda da desilusão, que funda o estilo narrativo e estimula os recortes traumáticos da existência do personagem por meio das memórias. Esse itinerário é conduzido pela transversalidade que se dá entre o embate de momentos do passado e do presente, do comportamento passivo e ativo, do espaço privado e público, cuja finalidade é fomentar o sentimento de morte no inconsciente do sujeito.

Na luta de classes (dominação de uma classe hegemônica sobre a classe trabalhadora), está a fundação de uma realidade descontínua, que se mostra associada às variações e às mutabilidades dos estados patêmicos. O sujeito, assim localizado no extremo da ambiguidade, ora se mostra atualizado pelos desejos afetivos e parentais, ora se encontra submetido ao ímpeto furor de revolta. Pode-se dizer que

---

[13] O chamado "romance de formação" surgiu na segunda metade do século XVIII. Nesse tipo de romance narra-se o processo de transformações físicas, psicológicas e sociais no amadurecimento de um protagonista/personagem.

a contradição se apresenta como princípio regulador da dialética estabelecida entre ação e sofrimento.

À *Emoção*, localiza-se a correspondência da manifestação somática assumida como comportamento apaixonado. Está presente uma postura voltada para a truculência com alto grau de impacto sobre os demais. Sem-Pernas encontra-se à deriva, sem nenhuma expectativa de vida, para quem o ódio é o único sentimento cultivado como meio de reequilíbrio emocional. Por isso, configura-se como violento e desequilibrado diante de suas ações. Podemos considerar que é a paixão que regula o fazer de seus percursos narrativos, que o leva à nulidade semiótica.

Por fim, concentra-se o juízo de valor coletivo acerca do comportamento visível do sujeito na etapa da *Moralização*. Nessa dimensão, queremos detectar, para além de uma axiologia reguladora como força vital ou de uma valorização social positiva/negativa sobre os programas narrativos da revolta e do suicídio, os rastros de sofrimento que se deixam transparecer graças aos marcadores de opressão que fundamentam as desigualdades.

Cada vez mais, Sem-Pernas compensa o isolamento pessoal e a morte como resolução de angústias e sofrimentos. Mais do que isso, os percursos ora apresentados escrevem seu desfecho na reflexão sobre a emergência de discussão acerca da violência que escraviza, da morte voluntária como solução dos conflitos psíquicos no modelo social ao qual se alienou e com o qual se identificou, mas com o qual não pôde conjungir.

2.4 Os excessos de memórias: em torno e em vista do acontecimento

Sem-Pernas é um sujeito tônico, atento ao mundo e a tudo que o rodeia, tendo em vista sua singular existência de menino abandonado, órfão e com deficiência. Anteriormente, chegamos a destacar sua incessante necessidade de zombar e humilhar o outro para preencher a falta que determina seu dilema existencial, marcado pelos constantes excessos de necessidade de reconhecimento do outro.

Nesse panorama, é preciso avançar um pouco mais e discorrer sobre alguns pontos que perturbam o campo de presença do sujeito da percepção e, por extensão, interferem na maneira como ele apreende a realidade e, ao mesmo tempo, como é afetado por ela.

Nas palavras de Discini (2010, p. 5):

> [...] corpo que percebe e objeto percebido, ambos constituintes da presença sensível, supõem um observador do processo, logo uma subjetividade que recorta o mundo feito acontecimento: só existe acontecimento para alguém, isto é, só existe acontecimento se existe alguém que o recorta.

Com efeito, voltaremos nossa atenção, na esteira dos parâmetros tensivos, para os aspectos sensíveis da configuração patêmica que atuam no processo de significação. Em outros termos, procuraremos diagnosticar as modulações tensivas que dinamizam os valores, os projetos e os modos de existência do sujeito apaixonado, muito além da estrutura modal e do Esquema Passional Canônico, que correspondem aos aspectos inteligíveis, que foram desenvolvidos nas seções anteriores.

Como defende Lima (2017, p. 851):

> Mesmo ao explorar a dimensão patêmica dos textos, a investigação sobre os elementos constitutivos de uma dada paixão, quando presa unicamente à estrutura modal, fica limitada aos conteúdos inteligíveis da configuração, porque as modalidades, colocadas como peças-chave da análise, dizem respeito ao encadeamento sintáxico dos dispositivos atuantes no nível narrativo, não podendo ajudar no exame do componente propriamente sensível que o engendra.

Retornaremos aqui à configuração dos percursos da lembrança e do esquecimento no estabelecimento de relações com a memória, especialmente a partir dos estudos de Tatit (2010) e Barros (2016). Entre os pontos comuns, localiza-se o conceito de campo de presença, compreendido, nas formulações de Fontanille e Zilberberg (2001, p. 125), como o "domínio espaciotemporal em que se exerce a percepção, e, por outro, as entradas, as estadas, as saídas e os retornos que devem seu valor e lhe dão corpo".

Nesse campo semântico, dá-se a configuração correlativa entre o eixo sensível, imbricada à prática perceptível (intensidade) ou os estados de alma, e o eixo inteligível dos objetos percebidos (extensidade) ou os estados de coisas. Para Zilberberg (2011), as grandezas linguísticas que o adentram podem ser avaliadas a partir da interseção entre a extensão dos objetos percebidos (temporalidade e espacialidade) e da intensidade da percepção do sujeito (tonicidade e andamento). E, por conseguinte, assume-se que a intensidade rege a extensidade, ou seja, as subdimensões do tempo e do espaço são controladas pela tonicidade e pelo andamento.

Outra característica que merece destaque diz respeito aos intervalos de presença e ausência fundados na relação entre sujeito e objeto em meio às imperfeições e imprevisões das situações cotidianas, ao sobrevir dos acontecimentos. Referimo-nos aos modos de existência semiótica, que nos permitem avaliar os percursos da presença e da ausência inscritos na constituição de memórias que se atualizam no campo do narrado. Barros rastreia um *percurso do esquecimento* (realização > potencialização > virtualização) e um *percurso da lembrança* (virtualização > atualização > realização), como organizados no esquema apresentado a seguir:

Esquema 5 – Modos de existência

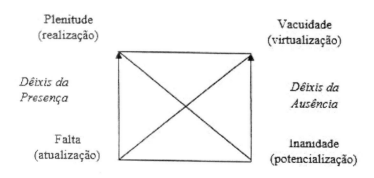

Fonte: adaptado a partir de Fontanille e Zilberberg (2001)

Não se pode deixar de notar que, para que o personagem recorde os momentos que o afeta e que atuam em seu campo de presença num conflito permanente, é necessário que ele esteja em contato com estímulos sensoriais. Eles se associam às figuras relacionadas a episódios traumáticos que fazem ressurgir simulacros do que ficou na memória do personagem ou do que foi selecionado pelo narrador que com ele às vezes se confunde na dinâmica do discurso indireto livre.

Trata-se, portanto, do despertar dos vínculos com o passado que o constitui e que só é possível de apreensão por meio da memória enquanto expressão de historicidades singulares. Isso é evidente, de maneira taxativa, no momento em que a criança com deficiência é tomada pela imagem de exaltação de Pirulito em devoção à Nossa Senhora das Sete Dores:

> O Sem-Pernas, que vinha combinar um detalhe da questão dos chapéus e que, desde que o vira rezando, trazia uma pilhéria preparada, uma pilhéria que só como pensar nela ele ria e que iria desconcertar completamente Pirulito, quando chegou perto e viu Pirulito rezando, de mãos levantadas, olhos fixos ninguém sabia onde, o rosto aberto em êxtase estava como que vestido de felicidade, parou, o riso burlão murchou nos seus lábios e ficou a espiá-lo meio a medo, possuído de um sentimento que era um pouco de inveja e um pouco de desespero (Amado, 2008, p. 37).

Esse é um dos episódios em que ocorre a reativação de uma lembrança associada a eventos passados que emerge ao campo de presença do sujeito como simulacro do vivido, sem esforço aparente, pela simples manifestação da imprevisibilidade e da imperfeição da realidade. No caso particular de Sem-Pernas, é justamente o sentimento de falta que atualiza constantemente as figuras associadas aos momentos repulsivos com os quais convivera na prisão durante a infância, onde fora ridicularizado pela truculência policial devido à sua deficiência física. Essa atualização das lembranças faz com que o experimentado adentre com alta densidade de presença, de andamento rápido e de tonicidade elevada, realize-se em seu campo de percepção e se torne um tormento:

> [...] Todos procuravam um carinho, qualquer coisa fora daquela vida: o Professor naqueles livros que lia a noite toda, o Gato na cama de uma mulher da vida que lhe dava dinheiro, Pirulito na oração que o transfigurava, Barandão e Almiro no amor na areia do cais. O Sem-Pernas sentia que uma angústia o tomava e que era impassível dormir. Se dormisse viriam os maus sonhos da cadeia. Queria que aparecesse alguém a quem

> ele pudesse torturar com chicotes. Queria uma briga. Pensou em ir acender um fósforo na perna de um que dormisse. Mas quando olhou da porta do trapiche, sentiu somente pena e uma doida vontade de fugir. E saiu correndo pelo areal, correndo sem fito, fugindo da sua angústia (Amado, 2008, p. 47).

Ora, podemos dizer que os eventos traumáticos proclamam sua necessidade de não esquecimento ou, ainda, de um "dever de memória", graças ao acentuado grau de impacto com que fora memorizado e virtualizado no registro do acontecimento, que se projeta como possibilidade sempre presente de atualização. Quando Sem-Pernas é tomado por qualquer circunstância de preenchimento emocional, como ocorre com o processo devocional de Pirulito em relação aos santos católicos ou quando se evidencia um preenchimento da falta de qualquer espécie de amparo e acolhimento (parental, devocional, social, fraternal etc.), o simulacro repulsivo dos eventos ressurge como presentificação de um passado imperfeito e incompleto, localizado numa temporalidade reconhecida e assumida, na tendência mortífera estabelecida entre narrador e personagem. É nada mais do que o deslocamento do percurso da *dêixis* da ausência em direção à *dêixis* da presença, que faz com que esse passado adormecido se atualize com alto ganho de densidade, da virtualização à atualização, quando relacionada à falta subjetiva.

Mais do que isso, as memórias de Sem-Pernas têm um acento insuportável, que o desapropria de sua condição racional e de sua competência modal e de qual não consegue se desvincular. Trata-se do estupor que, no desenrolar do percurso, favorece sérios e devastadores efeitos pragmáticos, portadora de sua necessidade compulsiva. Seja de pequenas fissuras, seja de momentos da ordem pública, julga-se como não digno de afetividade por interiorizar e naturalizar dentro de si a negação da cidadania.

Notemos, uma vez mais, como qualquer indício de preenchimento do sentimento de falta daquilo que nunca teve, mesmo quando relacionado aos seus companheiros que integram os Capitães da Areia, afeta-o de maneira indisciplinar, particularmente quanto à questão dos vínculos sociais e afetivos. Para isso, abordemos a experiência homoafetiva entre Almiro e Barandão, que atualiza as memórias adormecidas da primeira infância:

> Voltou-se porque ouviu movimento. Alguém se levantava no meio do casarão. O Sem-Pernas reconheceu o negrinho Barandão, que se dirigia de manso para o areal de fora do trapiche. O Sem-Pernas pensou que ele ia esconder qualquer coisa que furtara e não queria mostrar aos companheiros. E aquilo era um crime conta as Leis do bando. O Sem-Pernas seguiu Barandão, atravessando entre os que dormiam. O negrinho já tinha transposto a porta do trapiche e dava a volta no prédio para o lado esquerdo. Em cima era o céu de estrelas. Barandão agora caminhava apressadamente. O Sem-Pernas notou que ele se dirigia para o outro extremo do trapiche, onde a areia era mais fina ainda. Foi então pelo outro lado e chegou a tempo de ver Barandão que se encontrava com um vulto. Logo o reconheceu: era Almiro, um do grupo, de doze anos, gordo e preguiçoso. Deitaram-se juntos, o negro acariciando Almiro. O Sem-Pernas chegou a ouvir palavras. Um dizia: meu filhinho, meu filhinho. O Sem-Pernas recuou e a sua angústia cresceu. (Amado, 2008, p. 46-47).

Repare que, no caso apresentado, sobrevém depressa e imprevisivelmente um simulacro carregado de valores associados à plenitude experimentada como acontecimento, potencializado tonicamente e virtualizado ao ponto de se tornar diferença quando comparado aos demais fatos cotidianos. Por não prestar conta com a dívida do passado e por não evoluir passionalmente, o indesejável impacto das submissões da tonicidade e do andamento das lembranças controla, numa relação inversa, as subdimensões da temporalidade e da espacialidade, ao ponto de pôr fim na relação de continuidade com o presente e, em longo prazo, com o vínculo com qualquer perspectiva futura, pois mostra-se interrompida e censurada pela memória como prática impregnável. Em razão disso, suspende-se o tempo presente no abismo da imperfeição e tende a esperar os aspectos que favorecem as lembranças negativas e as experiências de má-realização.

Paul Ricoeur (2010), em suas considerações sobre os parâmetros éticos e políticos associados à memória, ressalta a importância das lembranças não só como vínculo interpelativo, pelo qual o homem apazigua os conflitos internos estabelecidos com o passado, mas também como formação subjetiva na medida em que a apreensão registra os acontecimentos em historicidade. Ora, podemos observar que as lembranças dos momentos traumáticos de Sem-Pernas adquirem uma configuração curiosa, porque irrefletidas, o sujeito não permite a atenuação dos impactos em direção ao ingresso na dinâmica histórica. Pelo contrário, apresentam-se numa espécie de antissujeitos internos que se associam a um regime de violências de que o próprio personagem se mostra escravizado.

Acreditamos que esses marcadores de sofrimento desencadeiam a imobilidade e a pulsão de morte tão presentificadas na narração. Em síntese, por se mostrar aliado ao aspecto contínuo de suas lembranças, o sujeito restringe a circulação dos objetos percebidos em seu campo de presença na tendência destrutiva que desconhece seus limites:

> [...] Fora demasiada audácia atacar aquela casa da rua rui Barbosa. Perto dali, na praça do Palácio, andavam muitos guardas, investigadores, soldados. Mas eles tinham sede de aventura, estavam cada vez maiores, cada vez mais atrevidos. Porém havia muita gente na casa, deram o alarme, os guardas chegaram. Pedro Bala e João Grande abalaram pela ladeira da Praça. Barandão abriu no mundo também. Mas o Sem-Pernas ficou encurralado na rua. Jogava picula com os guardas. Estes tinham se despreocupado dos outros, pensavam que já era alguma coisa pegar aquele coxo. Sem-Pernas corria de um lado para outro da rua, os guardas avançavam. Ele fez que ia escapuli por outro lado, driblou um dos guardas, saiu pela ladeira. Mas em vez de descer e tomar pela Baixa dos Sapateiros, se dirigiu para a praça do Palácio. Porque Sem-Pernas sabia que se corresse na rua o pegariam com certeza. Eram homens, de pernas maiores que as suas, e além do mais ele era coxo, pouco podia correr. E acima de tudo não queria que o pegassem... (Amado, 2008, p. 250).

É significativo que chamemos Sem-Pernas de sujeito interditado, porque marcado pela nulidade de presença, só pode ter como demanda a terminatividade. Busca, em todos os sentidos, o fim do sofrimento que se mostra difícil de suportar. Como se observa no exemplo exposto anteriormente, é a pulsão de morte que surge numa tonicidade elevada e num andamento rápido, em consequência da grande mobilização de lembranças que se apresentam demarcadas no desenrolar da narração.

> [...] Lembrava-se da vez que fora à polícia. Dos sonhos das suas noites más. Não o pegariam e enquanto corre este é o único pensamento que vai com ele. Os guardas vêm nos seus calcanhares. Sem-Pernas sabe que eles gostarão de o pegar, que a captura de um dos Capitães da Areia é uma bela façanha para um guarda. Essa será a sua vingança. Não deixará que o peguem, não tocarão a mão no seu corpo. Sem-Pernas os odeia como odeia a todo mundo, porque nunca pôde ter um carinho. E no dia que o teve foi obrigado ao abandonar porque a vida já o tinha marcado demais. Nunca tivera uma alegria de criança (Amado, 2008, p. 250-251).

A tonicidade tende ao extremo e a enunciação reduz drasticamente as subdimensões da espacialidade e da temporalidade, anuladas em dimensão valencial. Tudo isso mostra como o sujeito não tem mais domínio sobre seus percursos, tendendo unicamente ao impacto máximo do acontecimento. A destrutividade é, enfim, colocada como resolução de uma revolta que se sustenta em excessos e faltas, do ponto de vista da sintaxe intensiva, e, mais do que isso, na delicada ligação entre lembrança e sofrimento, que conduz o menino em situação de rua à morte prematura e voluntária.

Capítulo 3

As encruzilhadas da figuratividade

> A mensagem é a seguinte: Jorge Amado foi o escritor que maior influência teve na gênese da literatura dos países africanos que falam português. [...] Nesse narrar fluido e espreguiçado, Jorge vai desfiando prosa e os seus personagens saltam da página para a nossa vida cotidiana. [...] Seus personagens eram vizinhos não de um lugar, mas da nossa própria vida. Gente pobre, gente com os nossos nomes, gente com as nossas raças passeavam pelas páginas do autor brasileiro. Ali estavam os nossos malandros, ali estavam os terreiros onde falamos com os deuses, ali estava o cheiro da nossa comida, ali estava a sensualidade e o perfume das nossas mulheres. No fundo, Jorge Amado nos fazia regressar a nós mesmos.
> (Mia Couto)

Neste terceiro capítulo, veremos como a figuratividade se relaciona com as determinações sócio-históricas e ideológicas no romance *Capitães da Areia*. Observaremos como a utilização de certas figuras desencadeia determinados efeitos de sentido e parâmetros estéticos próprios do romance social. Além do mais, compreenderemos a coerência semântica do discurso, passaremos pelos estereótipos, os preconceitos e, finalmente, chegaremos à dimensão argumentativa desenvolvida na obra de arte.

3.1 O cruzamento e o firmamento de pontos: procedimentos teóricos

Na introdução deste estudo, sinalizamos que a semiótica postula o exame de temas e figuras como integrante da semântica discursiva, instância em que melhor se evidenciam as determinações sócio-históricas e ideológicas (Fiorin, 1988a, 1988b). Isso significa dizer que a figuratividade é o procedimento que nos possibilita a recuperação do horizonte ideológico do texto, assim como o componente argumentativo do discurso.

Pode-se considerar que as visões de mundo representam as formações ideológicas do sujeito da enunciação, sincretizado na relação entre enunciador e enunciatário (enunciação pressuposta) e, consequentemente, participam da filiação e da materialização das diversas formações discursivas, que, por sua vez, são mecanismos de dispersão temática e figurativa mobilizados na cadeia textual. Para além desses aspectos, é na semântica discursiva em que ocorre a conversão e a concretização dos esquemas narrativos em percursos temáticos e figurativos.

Saussure afirma que a língua é um princípio de classificação[14], o que implica considerar que "ela não nos autoriza uma remissão imediata e displicente do discurso à referência ou à representação do 'real'" (Bertrand, 2003, p. 159). Ora, assumir uma postura imanentista sobre a linguagem significa assumir uma correlação entre uma semiótica da língua natural e uma semiótica do mundo natural, cada uma delas compostas por um plano da expressão e um plano do conteúdo.

L. Hjelmslev, em seus *Prolegômenos* (1975), situa o mundo natural como uma virtualidade do sentido na medida em que o sujeito o apreende e o experimenta como mundo percebido. A língua, nessa tendência epistemológica, alcança o estatuto de fundadora da realidade e passa a ordenar, interpretar e categorizar o mundo natural conforme a "relatividade do recorte do mundo das significações", para a qual corresponde à diversidade das sociedades humanas, atestada pelo princípio da arbitrariedade do signo linguístico (Greimas, 1975, p. 48).

De acordo com Greimas e Courtés (2008, p. 378):

> [...] o mundo extralinguístico, o mundo do 'senso comum', é enformado pelo homem e instituído por ele em significação, e que tal mundo, longe de ser o referente (isto é, o significado denotativo das línguas naturais), é, pelo contrário, ele próprio uma linguagem

---

[14] Saussure (2012) destaca que o que atesta a arbitrariedade do signo linguístico são as diferenças entre as línguas naturais. Assim, as línguas naturais adquirem significados socioculturais, não sendo mero reflexo da realidade, mas uma atividade simbólica. Por isso a língua não é uma nomenclatura ou uma etiqueta aplicada aos elementos do mundo e, sim, uma maneira de categorizar, interpretar o mundo natural. "A língua não é uma nomenclatura que se aplica a uma realidade categorizada independentemente dela e anterior a ela. A atividade linguística é uma operação simbólica. Uma língua articula conceitos e não etiquetas aplicadas às coisas" (Fiorin, 2021, p. 2).

> biplana, uma semiótica natural (ou semiótica do mundo natural). O problema do referente nada mais é então do que uma questão de cooperação entre duas semióticas (línguas naturais e semióticas naturais, semiótica pictural e semiótica natural, por exemplo), um problema de intersemioticidade. Concebido desse modo como semiótica natural, o referente perde assim sua razão de existir enquanto conceito linguístico.

Como resultado, a figuratividade é tomada como uma das maneiras de axiologização sociocultural, entre outras possíveis, desde que considerado o recorte efetuado na língua natural (Greimas, 2014). Essa é a definição de figuratividade assumida neste estudo que, em seu princípio, é postulada como "todo conteúdo de um sistema de representação (verbal, visual, auditivo ou misto), que entra em correlação com uma figura significante do mundo percebido, quando ocorre sua assunção pelo discurso" (Bertrand, 2003, p. 157). Pode-se argumentar que a realidade sempre nos é apresentada semioticamente, tendo em vista que a figuratividade se localiza anteposta à representação.

Avancemos por partes. Passemos agora à distinção teórica entre temas e figuras. A relação entre esses dois conceitos, que atuam conjuntamente no processo de concretização das estruturas semionarrativas dos níveis profundos, estabelece investimento semântico que, pela instalação de figuras concretas do mundo natural, reveste os temas abstratos. Em outros termos, compreenderemos as figuras como elementos das línguas naturais, para as quais correspondem uma dada percepção concreta do mundo, e ao serem mobilizadas nos textos e nos discursos figurativos, revestem e concretizam os temas, que, de maneira simples e abstrata, categorizam, ordenam e organizam o mundo natural (Fiorin, 2018).

Barros (2001, p. 115) explica como se dá a conversão das estruturas subjacentes às estruturas de superfície:

> O tratamento dos temas é garantia de manutenção semântica, na passagem do nível narrativo ao discursivo, cabendo à figurativização o acréscimo de sentido previsto na conversão. As estruturas discursivas são, ao mesmo tempo, mais específicas e mais complexas e 'enriquecidas' que as estruturas narrativas e fundamentais.

Essa conversão nos leva, num primeiro momento, a recuperar os temas subjacentes às figuras. Ocorre que, para examinarmos o funcionamento discursivo em sua concretude e sua diversidade, precisamos cotejar os mecanismos temáticos e figurativos não isoladamente, estanques e desvinculados um dos outros. Por isso, desenvolveremos a presente investigação a partir de encadeamentos e relações que se estabelecem entre cada elemento que atua na construção da significação.

O complexo e vasto encadeamento de temas e figuras desencadeia a constituição dos percursos temáticos e dos percursos figurativos. Esses dois percursos correspondem a dois tipos de textos: um, os textos temáticos, que, ao mobilizarem figuras esparsas, explicam, categorizam e justificam a realidade, como é o caso dos textos filosóficos e científicos; outro, os textos figurativos, que constroem simulacros do mundo e mediante a utilização de figuras duradoras, garantem efeitos de sentido de realidade e traços de sensorialidade, como é o caso do texto jornalístico e do texto literário.

Já em relação à reiteração figurativa e temática, as isotopias ou os *eixos semânticos* atuam como recorrências e repetições de traços de sentido que dinamizam o eixo sintagmático da língua em busca não só de estabelecerem ligações semânticas, mas também coerência discursiva, temática e figurativa. Conforme Bertrand (2003, p. 38), as isotopias atuam em um *continuum* semântico, tecendo ligações "entre cada figura, pela recorrência de uma categoria significante (ou de uma rede de categorias) no decorrer do desenvolvimento discursivo".

Dois são os tipos de isotopias: as temáticas e as figurativas. A isotopia temática diz respeito à repetição de um valor semântico abstrato em um mesmo percurso temático. A isotopia figurativa, à repetição de traços figurativos duradouros quando associados às figuras aparentadas do mundo natural. Em resumo, as isotopias são mecanismos semânticos a partir dos quais se estabelecem planos de leitura e referências que condicionam a percepção à intepretação e ao reconhecimento de papéis temáticos e figurativos (Blikstein, 2020).

3.2 A busca pela diferença: uma questão de esteticismo

Em *Capitães da Areia*, tematiza-se o conflito de classes na sociedade brasileira da década de 1930, embora seja possível identificar diferentes isotopias temáticas que reiteram e dialogam com o tema central: a da infância abandonada; a da adultização precoce; a do racismo religioso; a da criminalização da pobreza; a da malandragem, entre outras. Para todos os efeitos, nosso interesse é examinar o tema central que concretiza os esquemas semionarrativos subjacentes: a oposição semântica fundamental relacionada à luta de classe, do embate semântico entre liberdade da sociedade de consumo e opressão dos sujeitos marginalizados.

Logo, esta análise é toda desenvolvida em torno do dualismo clássico estabelecido entre ricos contra pobres, entre a sociedade burguesa contra a classe trabalhadora, entre opressores e oprimidos, entre algozes e vítimas, entre conservadorismo e modernidade. Selecionamos algumas descrições a respeito das crianças abandonadas em três momentos distintos do romance, que transcrevemos nas próximas linhas:

> Vestidos de farrapos, sujos, semiesfomiados, agressivos, soltando palavrões e fumando pontas de cigarro, eram, na verdade, os donos da cidade, os que a conheciam totalmente, os que totalmente a amavam, os seus poetas (Amado, 2008, p. 29, grifo nosso).

Em seguida:

> Nestas noites de chuva eles não podiam dormir. De quando em vez a luz de um relâmpago iluminava o trapiche e então se viam <u>as caras magras e sujas dos Capitães da Areia</u>. Muitos deles eram tão crianças que temiam ainda dragões e monstros lendários. Se chegavam para junto dos mais velhos, que apenas <u>sentiam frio e sono</u>. Outros, os negros, ouviram no trovão a voz de Xangô. Para todos, estas noites de chuva eram terríveis. Mesmo para o Gato, que <u>tinha uma mulher em cujo seio escondia a jovem cabeça</u>, as noites de temporal eram noites más. Porque nestas noites homens que na cidade não têm onde reclinar a sua cabeça amedrontada, que não têm senão uma cama de solteiro e querem esconder num seio de mulher o seu temor, pagavam para dor-

> mir com Dalva e pagavam bem. Assim o Gato ficava no trapiche, bancando jogos com seu baralho marcado, ajudado na roubalheira pelo Boa-Vida. Ficavam todos juntos, inquietos, mas sós todavia, sentindo que lhes faltava algo, não apenas uma cama quente num quarto coberto, mas também doces palavras de mãe ou de irmã que fizessem o temor desaparecer. Ficavam todos amontoados e alguns tiritavam de frio, sob as camisas e calças esmolambadas. Outros tinham paletós furtados ou apanhado em lata de lixo, paletós que utilizavam como sobretudo. O Professor tinha mesmo um sobretudo, de tão grande arrastava no chão (Amado, 2008, p. 98-99, grifos nossos).

Por fim:

> [...] E somente Gato e Pirulito tinham costume de remendar eles mesmos as suas [roupas]. Gato porque era metido a elegante e tinha uma amante, Pirulito porque gostava de andar limpo. Os outros deixavam que os farrapos que arranjavam se esfarrapassem ainda mais, até se tornarem trapos inúteis. Então mendigavam ou furtavam outra calça e outro paletó (Amado, 2008, p. 179, grifo nosso).

Aqui estão alguns dos momentos em que se constata que os meninos em situação de rua não apresentam uma plasticidade corporal canônica, uma postura alinhada às etiquetas da agenda moral e conservadora da sociedade burguesa. Temos, por certo, uma corporeidade sinuosa, dissidente e subalterna. Afinal, são marcados pela nulidade, pela concupiscência, pela compulsão pelo sexo e pelos vícios, apesar da pouca idade e do pouco desenvolvimento humano.

As personagens estão sempre sujas, vestidas de farrapos, maltrapilhas e abandonadas à própria sorte. As questões que as envolvem são da ordem pública, da instabilidade e da coletividade. Sempre andam juntos, amontoados, mutáveis entre todos os fenômenos cotidianos. Essas características exercem um papel preponderante na configuração dos discursos intolerantes e conservadores dos aparelhos ideológicos, tendo em vista que consolidam uma estética do disforme atrelada ao esteticismo como ordenação do *lumpemproletariado*.

As representações anteriores nos conduzem às isotopias figurativas relacionadas a *práxis* proletária: *subalternidade, desalinhamento estético e moral, tortuosidade*. As figuras "vestidos de farrapos"; "sujos"; "semiesfomiados"; "agressivos"; "soltando palavrões"; "fumando pontas de cigarros", "as caras magras e sujas", "sentiam frio e fome", "tiritavam de frio", "as camisas e calças esmolambadas", "paletós furtados ou apanhados em lata de lixo", "paletós que utilizavam como sobretudo", "os farrapos que arranjavam se esfarrapassem ainda mais", "trapos inúteis", "mendigavam ou furtavam outra calça e paletó" marcam uma coerência semântica por meio de traços sensoriais de forma (disforme e grotesca) e de comportamento (adultização precoce). Essas figuras se relacionam às identidades dos sujeitos de não direitos e compõem, por extensão, o percurso figurativo da pobreza, da vulnerabilidade social e racial e da invisibilidade.

Vale observar um caso particular: Pedro Bala, chefe dos Capitães da Areia, é apresentado como um sujeito excessivo e descontrolado em relação aos seus instintos físicos e sexuais. No capítulo *Docas*, o menino de 15 anos vive a extrema tonicidade de sua sexualidade e chega a violentar sexualmente a Negrinha do areal após descobrir que seu pai fora vitimado pela truculência policial durante um comício em prol de melhores condições de trabalho dos estivadores.

Desse modo, destacam-se a brutalidade e a corrupção erógena do personagem numa perspectiva de contradição colocada entre o centro dinâmico da vida marginal e a incipiente consciência de classe. Apesar de ter apenas 15 anos, Pedro se mostra imperativo e descontrolado diante dos seus desejos:

> [...] Porque se os homens conhecem esses segredos muito antes que as mulheres, os Capitães da Areia os conheciam muito antes que qualquer homem. Pedro Bala a queria porque há muito sentia os desejos de homem e conhecia as carícias do amor. Ela não o queria porque fazia pouco que se tornara mulher e pretendia reservar seu corpo para um mulato que a soubesse apaixonar. Não queria entregar assim ao primeiro que a encontrasse no areal. E está com os olhos entupidos de medo.
> Pedro Bala passou a mão na carapinha da negra:
> – Tu é um pancadão, morena. Nós vai fazer um filho lindo...
> Ela lutou por se afastar dele:

– Me deixa. Me deixa, desgraçado!
E olhava em torno de si para ver se enxergava alguém a quem gritar, a quem pedir socorro, alguém que a ajudasse a conservar a sua virgindade, que tinham lhe ensinado que era preciosa. Mas à noite no areal do cais da Bahia não se veem senão sombras e não se ouvem mais que gemidos de amor, baques de corpos que rolam confundidos na areia (Amado, 2008, p. 91).

E continua:

– Tu é donzela mesmo?
– Juro por Deus Nosso Senhor, pela Virgem – beijava os dedos postos em cruz.
Pedro Bala vacilava. Os seios da negrinha intumescidos sob seus dedos. As coxas duras, a carapinha do sexo.
– Tu tá falando a verdade? – e não deixava de acariciá-la.
– Tou, juro. Deixa eu ir embora, minha mãe tá me esperando.
Chorava, e Pedro Bala tinha pena, mas o desejo estava solto dentro dele. Então, propôs ao ouvido da negra e fazia cócegas a língua dele:
– Só boto atrás.
– Não. Não.
– Tu fica virgem igual. Não tem nada.
– Não. Não, que dói.
Mas ele a acarinhava, uma cócega subiu pelo corpo dela. Começou a compreender que se não o satisfizesse como ele queria, sua virgindade ficaria ali. E quando ele prometeu novamente sua língua a excitava no ouvido "se doer eu tiro..." ela consentiu.
– Tu jura que não vai na frente?
– Juro.
Mas depois que tinha se satisfeito pela primeira vez e ela gritara e mordera as mãos, vendo que ela ainda estava possuída pelo desejo, tentou desvirginá-la. Mas ela sentiu e saltou como uma louca:
– Tu não te contenta, desgraçado, com o que me fez? Tu quer me desgraçar?

E soluçava alto, e levantava os braços, estava como uma louca, toda sua defesa eram seus gritos, suas lágrimas, suas imprecações contra o chefe dos Capitães da Areia. Mas para Pedro a maior defesa da negrinha

SOBRE O ROMANCE SOCIAL: IDEOLOGIA E SIGNIFICAÇÃO EM CAPITÃES DA AREIA

> eram os olhos cheios de pavor, olhos de animal mais fraco que não tem forças para se defender [...] (Amado, 2008, p. 93).

Por outro lado, ganham forma e têm primazia as figuras que somatizam e enfatizam esses corpos como sujeitos dignos de abjeção, como vimos em diferentes momentos deste livro, sobretudo quando relacionadas aos procedimentos de referencialização do *Jornal da Tarde*: "bandido", "malta", "criminoso", "bando", "a cidade infestada por crianças que vivem do furto", "atividade criminosa", "infestam a nossa urbe", "que se dedicaram à tenebrosa carreira do crime", "bando que vive da rapina", "se entregaram no verdor dos anos a uma vida criminosa", "ladrão", "precoces criminosos", "bando de demônios", "malvado", "delinquentes", "perversos", apenas para ficarmos com as mais constantes.

Essas figuras, por sua vez, mobilizam uma vasta teia de relações semânticas que se associam à implantação do medo e à sensação de terror na construção do inimigo pela esfera pública. Na sustentação dos estereótipos, estão colocadas as isotopias da *inseguridade*, *perversidade*, *imoralidade* e *bandidagem*. Compõe-se, assim, o percurso figurativo da marginalidade, da demonização e da (ultra)visibilidade.

Em *Capitães da Areia*, o processo de estigmatização social dos meninos em situação de rua surge como um dualismo lógico e indissociável, concebido entre o limite da invisibilidade e o limite da (ultra)visibilidade, já que ambos estão marcados pela barbárie, pelo abuso, pela insuficiência, pelo exagero e pela ausência de todas as ordens.

Cremos não ser exagero afirmar que essa visão tipifica, até nossos dias atuais, as redes de referências e a reputação negativa que a sociedade brasileira atribui à população em situação de rua, em particular quando observamos os discursos favoráveis à redução da maioridade penal no Brasil. Resulta dessa construção as linhas fundamentais da retórica intolerante que busca o esvaziamento da condição humana e, assim colocado, violar direitos básicos, como o direito à vida, por meio da expulsão e da eliminação desses indivíduos do tecido social (Esquema 6).

Esquema 6 – A lógica de dupla estigmatização social dos sujeitos em situação de rua

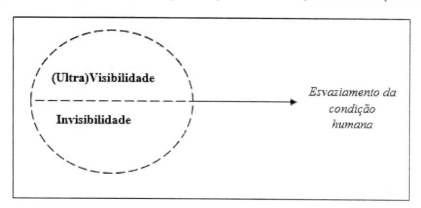

Fonte: elaboração própria

Observemos, em oposição, uma terceira tendência: a da sociedade burguesa. Nesse caso, os corpos são marcados por traços meliorativos: boas vestimentas, cabelos alinhados, corporeidade canônica. Cumpre-se, assim, uma função distintiva, como ocorre em qualquer processo de fetichização, em que a própria noção de experiência e privilégios indica determinados valores na formação dos indivíduos e nas relações que a partir daí se estabelecem entre intersubjetividades e coletividades. Estamos diante de um regime ético e estético de padronizações do Estado-nacional polido, comedido, legiferante, que imediatamente os identificam como sujeitos de direitos. É o que constataremos nas próximas linhas:

> [...] nos domingos e feriados, as crianças ricas, vestidas de marinheiro ou de pequeno lorde inglês, as meninas de holandesa ou de finos vestidos de seda, vinham se aboletar nos cavalos preferidos, indo os menores nos bancos com as aias. Os pais iam para a roda-gigante, outros preferiam a sombrinha onde podiam empurrar as mulheres, tocando muitas vezes nas coxas e nas nádegas. O parque de Nhozinho França era naquele tempo a alegria da cidade (Amado, 2008, p. 63, grifo nosso).

E mais adiante:

> [...] Durante aqueles oito dias os Capitães da Areia continuaram mal vestidos, mal alimentados, dormindo sob a chuva no trapiche ou embaixo das pontes. Enquanto

isso, o Sem-Pernas dormia em boa cama, comia boa comida, tinha até uma senhora que o beijava e o chamava de filho (Amado, 2008, p. 130, grifo nosso).

As figuras "vestidas de marinheiro", "de pequeno lorde inglês", "de holandesa", "de finos vestidos de seda", "cavalos preferidos", "os menores nos bancos com as aias", "dormia em boa cama", "comia boa comida", "tinha até uma senhora que o beijava e o chamava de filho" compõem o percurso figurativo do requinte, do luxo e da sofisticação. Essas crianças têm poder de escolha ("cavalos preferidos"), bom gosto e requinte ("finos fios de seda", "boa cama", "comia boa comida") e cuidados especiais ("os menores nos bancos com as aias"; "tinha até uma senhora que o beijava e o chamava de filho"). Constata-se na amostra toda uma valoração associada ao burguesismo.

As três tendências coabitam o texto e buscam demarcar as diferenças entre os sujeitos de direitos e os de não direitos a partir do maniqueísmo seletivo entre bom (pureza, retidão, branquitude, alinhamento) e mau (sujeira, sexo, escuridão, tortuosidade). Cada qual à sua maneira, estão sustentadas em aspectos econômicos para denunciar a concentração e a distribuição de riquezas.

É bom que se diga que, ao falar de diferenças, não estamos nos referindo à maneira como esses indivíduos se apresentam e se comportam em sua relação com seus gostos pessoais e com sua autonomia estética, o que nos levaria a falsear a análise a favor de certa homogeneidade e configuração plástica repetitiva, tão comum no modelo de produção em massa.

Pelo contrário, estamos nos referindo aqui às relações de alteridade estabelecidas entre os parâmetros de diferenciações do sistema do capital, que buscam circunscrever os domínios seletivos e compulsórios de grupos favorecidos pelo acesso aos bens de consumo em detrimento daqueles indivíduos que passam a não valer nada graças aos marcadores de opressão. São essas desigualdades que fazem dos desfavorecidos as vítimas da nulidade linguística, corporal, simbólica e artística em busca do sufocamento das cidadanias (Landowski, 2012).

Destacaremos, então, o capítulo *As luzes do carrossel*, um dos episódios mais conhecidos do romance e um dos momentos em que melhor se evidencia uma estabilidade entre as *práxis* burguesa e proletária:

> No começo da noite caiu uma carga d'água. Também as nuvens logo depois desapareceram do céu e as estrelas brilharam, brilhou também a lua cheia. Pela madrugada, os Capitães da Areia vieram. O Sem-Pernas botou o motor para trabalhar. E eles esqueceram que não eram iguais às demais crianças, esqueceram que não tinham, nem pai, nem mãe, que viviam de furto como homens, que eram temidos na cidade como ladrões. Esqueceram as palavras da velha de *lorgnon*. Esqueceram tudo e foram iguais a todas as crianças, cavalgando os ginetes do carrossel, girando com as luzes. As estrelas brilhavam, brilhava a lua cheia. Mas, mais que tudo, brilhavam na noite da Bahia as luzes azuis, verdes, amarelas, roxas, vermelhas, do Grande Carrossel Japonês (Amado, 2008, p. 82, itálicos do autor).

O trecho ilustra o equilíbrio contemplativo, mesmo que em sensação, entre as representações figurativas analisadas. Como se percebe, trata-se de um dos poucos episódios em que os *lumpemproletários* se reconhecem como sujeitos dignos de direitos em oposição às trágicas consequências da miséria econômica que lhes constituem. Ao brincarem no Grande Carrossel Japonês, eles deixam de lado a marginalização social, a ausência de afetos e cuidados e as dificuldades da vida marginal, e vivenciam a experiência concreta e real da infância, e, arriscamos dizer, da humanidade. Com extrema delicadeza, o narrador vai dando luz ao carrossel e, ao mesmo tempo, realçando, acima de qualquer parâmetro de diferenciação, a pureza e a inocência infantil.

Por extensão, não poderíamos de deixar de situar as instituições coniventes ao controle contínuo dos sujeitos marginalizados. No romance, existem organizações especializadas nesse trabalho, como a Igreja Católica e, claro, o próprio Estado. É nesse momento em que se revela o anticlericalismo no romance amadiano de acordo com a visão materialista da qual é tributária. Mesmo assim, distante de uma opção gratuita e vulgar contra o cristianismo, opta-se por mostrar a crise de valores e as ambiguidades discursivas que se mostram contraditórias com os próprios valores defendidos. Isso fica muito evidente quando observamos o embate discursivo estabelecido entre o autoritário cônego da instituição religiosa e o padre José Pedro, que será figurativizado como "comunista", "inimigo da igreja", justamente por defender o acolhimento e a proteção às populações mais vulneráveis:

> – Que culpa eles têm? – o padre se lembrava de João de Adão. – Quem cuida deles? Quem os ensina? Quem os ajuda? Que carinho eles têm? – estava exaltado, e o Cônego se afastou mais dele, enquanto o fitava com os olhinhos duros. – Roubam para comer porque todos estes ricos que têm para botar fora, para dar para as igrejas, não se lembram que existem crianças com fome... Que culpa...
>
> Cale-se – a voz do Cônego era cheia de autoridade. – Quem o visse falar diria que é um comunista que está falando. E não é difícil. No meio dessa gentalha o senhor deve ter aprendido as teorias deles... O senhor é um comunista, um inimigo da Igreja... (Amado, 2008, p. 155).

Em outro extremo, o Candomblé é apresentado como a religião de todos os negros e todos os pobres da Bahia, nessa tendência da obra amadiana de apresentar o Brasil como reprodução semântica do terreiro, num *continuum* que desconhece seus limites e profusões (Silva, 2016). Vê-se que as relações socioculturais brasileiras são estabelecidas como produto de porosidades e encruzilhadas que congregam o sagrado e o profano, o humano e o divino, o superior e o inferior, o aberto e o fechado etc.

Não é surpreendente, portanto, a identificação de uma cosmovisão ampla e abrangente como índices de brasilidade em virtude dos choques e dos encontros entre as cosmologias africanas e as cosmologias do catolicismo e, por isso mesmo, do encontro entre esses grupos, negros e brancos:

> Por último Don'Aninha veio aonde estavam os Capitães da Areia, seus amigos de há muito, porque são amigos da grande mãe-de-santo todos os negros e todos os pobres da Bahia. Para cada um ela tem uma palavra amiga e materna. Cura doenças, junta amantes, seus feitiços matam homens ruins. Explicou que tinha acontecido a Pedro Bala. O chefe dos Capitães da Areia ia pouco aos candomblés, como pouco ouvia as lições do padre José Pedro. Mas era amigo tanto do padre como da Mãe-de--santo, e entre os Capitães da Areia quando se é amigo se serve ao amigo (Amado, 2008, p. 96-97).

Contudo, o Candomblé cumpre um papel de destaque nessa confluência por trazer luz às isotopias temáticas da criminalização da pobreza e do racismo religioso, especificamente por se apresentar como religião não institucionalizada e, muito além disso, por enfrentar um processo de perseguição, condenação e estigmatização pelos modelos oficiais de religiosidade. Em *Aventura de Ogum*, narra-se a apreensão de Ogum, orixá guerreiro associado à guerra e ao fogo, pela polícia.

Tendo em mente que durante a primeira metade do século XX, especialmente entre as décadas de 1930 e 1940, quando vigente o Estado Novo, o Brasil, alicerçado no racismo e no espírito de colonização, colocou em prática inúmeras táticas de imobilização das religiões de matrizes africanas, que se deu mediante invasões de templos religiosos, prisões de pai, mãe e filhos de santo e de apreensão de objetos sagrados (Figura 3), o episódio da prisão da entidade africana revela, no intertexto, a tentativa de disciplinar a experiência religiosa de negros e pobres, sobre a qual recaíram os estigmas imaginários de possessão demoníaca, invocação e incorporação de espíritos do mal (Silva, 2005).

Figura 3 – Gazeta de Notícias

Fonte: Gazeta de Notícia de 29 de julho de 1916

Trata-se, como podemos constatar, de um projeto de controle e de dominação estabelecido em torno do fundamentalismo religioso da Igreja Católica, enquanto instituição oficial e obrigatória, que busca a eliminação dos indivíduos que não estejam alinhados aos preceitos da fé cristã e de uma imposição de um modelo de religiosidade. Daí o epistemicídio, a condenação moral e espiritual às religiões de matrizes africanas, como o Candomblé e a Umbanda, e, por assim revelar, o racismo religioso e a criminalização da pobreza pelos aparelhos jurídicos e legais. Vejamos como a intolerância religiosa em relação ao livre direito ao culto e à manifestação do exercício da fé e do pensamento são apresentados na fala da mãe de santo Don'Aninha:

> Agora levavam Aninha para sua casa. A noite em torno era tormentosa e colérica. A chuva os curvava sob o grande guarda-chuva branco da Mãe-de-santo. Os candomblés batiam em desagravo a Ogum e talvez num deles ou em muitos deles Omolu anunciasse a vingança do povo pobre. Don'Aninha disse aos meninos com uma voz amarga:
> – Não deixam os pobres viver... Não deixam nem o deus dos pobres em paz. Pobre não pode dançar, não pode cantar pra seu deus, não pode pedir uma graça a seu deus, sua voz era amarga, uma voz que não parecia da mãe-de-santo Don'Aninha. – Não se contentam de matar os pobres a fome... Agora tiram os santos dos pobres... – e alçava os punhos (Amado, 2008, p. 97).

Como temos defendido, o processo de estigmatização da cultura afro-brasileira é colocado como justificativa para o apagamento e silenciamento absoluto daquilo que não se adequa na ordem da padronização, da homogeneização e da normalidade compulsória. Rechaçam-se, devido à política de controle dos corpos, os diversos modos de pensar e existir, as tradições individuais e coletivas, a manifestação da pluralidade de conhecimentos e comportamentos.

A prisão do orixá africano representa o exercício intolerante embasado nos percursos temático e figurativo da *anormalidade*, do que é considerado primitivo e contrário à natureza, e da *pecaminosidade*, que passa a estigmatizar e associar as religiões de matrizes africanas à imoralidade, à inferioridade e à antiética.

À guisa de conclusão, Sidnei Nogueira (2020, p. 35) explica:

> O preconceito, a discriminação, a intolerância e, no caso das tradições culturais e religiosas de origem africana, o racismo, se caracterizam pelas formas perversas de julgamentos que estigmatizam um grupo e exaltam o outro, valorizam e conferem prestígio e hegemonia a um determinado 'eu' em detrimento de 'outrem', sustentados pela ignorância, pelo moralismo, pelo conservadorismo e, atualmente, pelo poder político – os quais culminam em ações prejudiciais e até certo ponto criminosas contra um grupo de pessoas com uma crença considerada não hegemônica.

3.3 A disposição espacial: o lugar do corpo

Não por acaso, o espaço de ocupação e habitação dos menores em situação de rua é descrito como um velho trapiche abandonado que, em outros tempos, fora habitado por ratos e por um cachorro sem rumo certo que o procurou como refúgio contra as condições climáticas. Na verdade, o que pretendemos mostrar é uma desconstrução do espaço em busca das intermediações entre os signos visuais, que traduzem uma imagem imaginada por meio de categorias semânticas (Pietroforte, 2020).

É nessa tendência que a abordagem semiótica mostra toda sua potência reveladora na medida em que evidencia que os signos verbais e visuais se combinam com finalidades estéticas e artísticas específicas, para revelar não apenas o visível, mas também o inteligível. Segundo Blikstein (2016, p. 140), "a semiótica nos permite perceber como atuam as representações sígnicas externas na estrutura interna dos indivíduos".

No capítulo O *trapiche*, vê-se, com sutilezas de detalhes, essa construção:

1. Há, inicialmente, uma modificação léxico-semântica, pois o espaço deixa de ser um "imenso casarão" para ser abordado como "trapiche abandonado". Além do mais, observamos a sobredeterminação de cores, o jogo entre negro e branco, o que nos direciona às questões raciais e sociais:

> Hoje, a noite é alva em frente ao trapiche. É que na sua frente se estende agora o areal do cais do porto. Por baixo da ponte não há mais rumor de ondas. A areia invadiu tudo, fez o mar recuar de muitos metros. Aos poucos, lentamente, a areia foi conquistando a frente do trapiche. Não mais atracaram na sua ponte os veleiros que iam partir carregados. Não mais trabalharam ali os negros musculosos que vieram da escravatura. Não mais cantou na velha ponte uma canção um marinheiro nostálgico. A areia se estendeu muito alva em frente ao trapiche. E nunca mais encheram de fardos, de sacos, de caixões, o imenso casarão. Ficou abandonado em meio ao areal, mancha negra na brancura do cais (Amado, 2008, p. 27-28).

2. Em seguida, o espaço sofre historicamente um intenso processo de deterioração em razão das condições e das circunstâncias climáticas e temporais, assim como da falta de manutenção e de assistência. Trata-se de uma estrutura em condições de abandono, marcada pela sua nulidade enquanto serventia e inutilidade estrutural:

> Durante anos foi povoado exclusivamente pelos ratos que aí atravessavam em corridas brincalhonas, que roíam a madeira das portas monumentais, que o habitavam como senhores exclusivos. Em certa época um cachorro vagabundo o procurou como refúgio contra o vento e contra a chuva. Na primeira noite não dormiu, ocupado em despedaçar ratos que passavam na sua frente. Dormiu depois de algumas noites, ladrando à lua pela madrugada, pois grande parte do teto já ruíra e os raios da lua penetravam livremente, iluminando o assoalho de tábuas grossas. Mas aquele era um cachorro sem pouso certo e cedo partiu em busca de outra pousada, o escuro de uma porta, o vão de urna ponte, o corpo quente de uma cadela. E os ratos voltaram a dominar até que os Capitães da Areia lançaram as suas vistas para o casarão abandonado (Amado, 2008, p. 28).

3. A partir de então, com a chegada dos Capitães da Areia, o espaço passa a estabelecer uma relação de contiguidade e interdependência, confundindo-se com os próprios meninos abandonados. Tanto em um caso como no outro, compartilham-se, como resultado da inutilidade, a perda de identi-

dade e o estado de abandono. Basta examinar a superficialidade dos apelidos dos personagens que passam a habitar o trapiche: *Pedro Bala, Pirulito, Sem-Pernas, Professor, Boa-Vida, Volta Seca, Gato, João Grande, Dora, Zé Fuinha*, entre outros. Como adverte Barthes (1977), um nome próprio deve ser sempre interrogado cuidadosamente, pois é o príncipe da significação; suas conotações são ricas, sociais e simbólicas:

> Logo depois transferiram para o trapiche o depósito dos objetos que o trabalho do dia lhes proporcionava. Estranhas coisas entraram então para o trapiche. Não mais estranhas, porém, que aqueles meninos, moleques de todas as cores e de idades as mais variadas, desde os 9 aos 16 anos, que à noite se estendiam pelo assoalho e por debaixo da ponte e dormiam, indiferentes ao vento que circundava o casarão uivando, indiferentes à chuva que muitas vezes os lavava, mas com os olhos puxados para as luzes dos navios, com os ouvidos presos às canções que vinham das embarcações... (Amado, 2008, p. 28).

É pertinente mencionar que o trapiche é o lugar reservado à segregação e à exclusão, ao desconhecido e ao exótico, mas também é o espaço de potencial resistência à cosmologia civilizada e politicamente correta. Reiteramos que, no processo de exclusão, em que se constata a mais drástica das ações intolerantes, busca-se a negação do outro enquanto tal, cuja finalidade é extinguir as diferenças e o estranhamento causado graças aos estereótipos de percepção.

Não é de modo algum fortuito que esse espaço, o trapiche, seja habitado pelos dissidentes, pelos estranhos dos pontos de vista ético e estético, pelos "desajustados emocionalmente". É dentro dessa lógica que se condensam o esvaziamento da condição humana e a desconstrução semiótica do espaço/corpo a favor da fabricação de traços semânticos de diferenciação e identificação que somatizam, de um lado, o Brasil-Nação e, de outro, os inimigos.

Podemos observar como a distribuição dos espaços no romance é organizada de acordo com a estratificação social. A Cidade Alta (axiologizada como positiva), símbolo maior da elite e do monopólio do poder e da ordem, é ocupada e habitada pelos homens brancos e ricos da aristocracia baiana em conformidade com as isotopias da *organização*, *verticalidade* e *superioridade*. As práticas sociais são organizadas em hierarquias, niveladas em categorias, uniformizadas pelos bens de consumo, ordenadas pelo lazer e pela higiene corporal e social.

A Cidade Baixa (axiologizada como negativa), em oposição, concentra a classe trabalhadora (proletariado e o *lumpemproletariado*), de acordo com as isotopias da *desorganização*, *horizontalidade* e *inferioridade*. É o microssistema da coletividade complexa e problemática, dos exageros e das insuficiências humanas, da promiscuidade e das decadências, da sujeira e da doença etc.

Observemos como, de forma bastante nítida, configura-se a disposição espacial no seguinte trecho, o da vingança de Omolu:

> Omolu mandou a bexiga negra para a cidade. Mas lá em cima os homens ricos se vacinaram, e Omolu era um deus das florestas da África, não sabia destas coisas de vacina. E a varíola desceu para a cidade dos pobres e botou gente doente, botou negro cheio de chaga em cima da cama. Então, vinham os homens da Saúde Pública, metiam os doentes num saco, levavam para o lazareto distante. As mulheres ficavam chorando, porque sabiam que eles nunca mais voltariam. Omolu tinha mandado a bexiga negra para a Cidade Alta, para a cidade dos ricos. Omolu não sabia da vacina, Omolu era um deus das florestas da África, que podia saber de vacinas e coisas científicas? Mas como a bexiga já estava solta e era a terrível bexiga negra, Omolu teve que deixar que ela descesse para a cidade dos pobres. Já que a soltara, tinha que deixar que ela realizasse sua obra. Mas como Omolu tinha pena dos seus filhinhos pobres, tirou a força da bexiga negra, virou em alastrim, que é uma bexiga branca e tola, quase um sarampo. Apesar disto, os homens da Saúde Pública vinham e levavam os doentes para o lazareto. Ali as famílias não podiam ir visitá-los, eles não tinham ninguém, só a visita do médico. Morriam sem ninguém saber e quando um conseguia voltar era mirado como um cadáver que houvesse ressuscitado. Os jornais falavam da epidemia de varíola e da necessidade da vacina. Os candomblés batiam noite e dia, em honra a Omolu, para aplacar a fúria de Omolu. O pai-de-santo Paim, do Alto do Abacaxi, preferido de Omolu, bordou uma toalha branca de seda, com lantejoulas, para

> oferecer a Omolu e aplacar sua raiva. Mas Omolu não quis, Omolu lutava contra a vacina. Nas casas pobres as mulheres choravam. De medo do alastrim, de medo do lazareto (Amado, 2008, p. 143-144).

A imagem socioespacial apresentada demarca precisamente os espaços destinados aos ricos e aos pobres, tal como acontece na gênese fundadora do Brasil, cada vez mais evidente na expansão dos condomínios de alto padrão da elite econômica ao mesmo tempo em que se destinam as ruas, os morros, as encostas e as favelas à boa parte da população que se encontra renegada à própria sorte.

Vingativo, Omolu (também conhecido como Obaluaiê e Xapanã), orixá das epidemias e das doenças como a varíola e demais doenças de pele, promete à população desassistida a vingança contra os algozes. Mas Omulu não esperava que os cidadãos da Cidade Alta tivessem a vacina contra o sarampo. Contrariado, ameniza a bexiga e a transforma em alastrim, variante atenuada da doença, atingindo inevitavelmente a população mais humilde da Cidade Baixa. Como a vacinação contra a bexiga não é um direito de todos, a classe trabalhadora torna-se a principal vítima da epidemia, que passa a ser encaminhada para os lazarentos e para os cemitérios. Do lado burguês, encontram-se a saúde, a proteção sanitária, a limpeza e a vida; do outro lado, a doença, a sujeira, a desproteção, a morte:

> A música já recomeçara no morro. Os malandros voltavam a tocar violão, a cantar modinhas, a inventar sambas que depois vendiam aos sambistas célebres da cidade. Na venda de Deoclécio novamente ficava um grupo todas as tardes. Durante algum tempo tudo cessara no morro para dar lugar ao choro e lamentações das mulheres e crianças. Os homens passavam de cabeça baixa para as suas casas ou para o trabalho. E os caixões negros de adultos, os caixões brancos de virgens, os pequenos caixões de crianças desciam as ásperas ladeiras do morro para o cemitério distante. Isso quando não eram sacos que desciam com os variolosos ainda vivos que eram levados para o lazareto. A família chorava como choraria a um morto, pela certeza de que eles não voltariam jamais. Nem a música de um violão. Nem a voz cheia de um negro cortava então a tristeza do morro. Só a reza das sentinelas, o choro convulsivo das mulheres (Amado, 2008, p. 167).

No contexto desta leitura, a proxêmica e a cinésica nos oferecem uma metodologia descritiva e analítica que nos auxilia na compreensão da corporeidade e das movimentações nos espaços e ambientes. Blikstein (2020, p. 95) sinaliza que os signos visuais, enquanto um campo potencial de estudo da semiótica, permitem esmiuçar e explorar as movimentações, as distâncias e as aproximações que as expressões corporais representam quando distribuídos e dinamizados nos espaços urbanos e arquitetônicos. O excerto da vingança de Omolu nos aponta dimensões espaciais nessa direção:

a. *Omolu mandou a bexiga negra para a cidade* – Vingança dos pobres prometida por Omolu contra o espaço da população rica. O orixá africano encaminha a varíola para o espaço dos poderosos, a Cidade Alta;

b. *Mas lá em cima os homens ricos se vacinaram, e Omolu era um deus das florestas da África, não sabia destas coisas de vacina* – Interdição imediata do espaço em virtude do poder científico da elite. Na Cidade Alta, encontram-se o conhecimento e os dispositivos tecnológicos que possibilitam a produção da vacina. Isso traz dificuldade aos planos de vingança da divindade africana;

c. *E a varíola desceu para a cidade dos pobres e botou gente doente, botou negro cheio de chaga em cima da cama* – Deslocamento para o espaço de baixo, o espaço da privação de direitos, acometendo parte da população mais pobre. Omolu, por desconhecer a potencialidade e a eficiência das vacinas, ameniza a bexiga e a transforma em alastrim, que vitimiza a população da Cidade Baixa.

d. *Então, vinham os homens da Saúde Pública, metiam os doentes num saco, levava para o lazareto distante* – Deslocação proxêmica que conduz ao agravamento da situação, ou seja, o lugar da morte. Juntam-se a proxêmica e a cinésica (movimentos corporais) para marcar a inferioridade e a resolução da morte no espaço do lazarento e a resolução da pobreza na Cidade Baixa.

Pelo exposto, devemos estar cientes de que a organização socioespacial atua como causa e consequência da violação e cancelamento de condições básicas para a manutenção dos corpos (viventes e sobreviventes) nos sistemas político, econômico e social do romance, que é uma projeção da sociedade brasileira da década de 1930.

Observamos como a gramática da desigualdade exibe os parâmetros discursivos, sejam eles verbais, visuais, estéticos, corporais, topológicos e simbólicos, na construção de mecanismos que limitam a consolidação de uma organização democrática e participativa. Além disso, foi diagnosticado como as desigualdades não apenas atuam sobre os corpos marginalizados, mas também os produzem.

Com efeito, os estereótipos e os preconceitos sociais se corporificam na retórica do senso comum, que busca justificar a execução sumária e arbitrária no eco social e faz com que a própria vítima reconheça e defenda a legitimidade de tal discurso que camufla, como nos esforçamos em mostrar, violação de direitos fundamentais.

3.4 A iconização e a referencialidade

Vimos, nas seções anteriores, como a dispersão figurativa materializa os temas, que, por sua vez, concretizam os esquemas narrativos subjacentes. Neste momento, abordaremos o processo de iconização, tomado como a última instância do processo de figurativização, em que ocorre o investimento de figuras, embasadas em um contrato veridictório estabelecido entre enunciador e enunciatário, e que produz a ilusão referencial e os efeitos de realidade, de persuasão e de convencimento do discurso (Barros, 2004).

Para examinar os aspectos de iconização, recorremos a uma das retrancas da cobertura jornalística do *Jornal da Tarde* sobre o assalto à residência do comendador José Ferreira, no Corredor da Vitória:

> NA RESIDÊNCIA DO COMENDADOR JOSE FERREIRA
>
> No Corredor da Vitória, coração do mais chique bairro da cidade, se eleva a bela vivenda do Comendador José Ferreira, dos mais abastados e acreditados negociantes desta praça, com loja de fazendas na rua Portugal. É um gosto ver o palacete do comendador, cercado de

> jardins, na sua arquitetura colonial. Pois ontem esse
> remanso de paz e trabalho honesto passou uma hora de
> indescritível agitação e susto com a invasão que sofreu
> por parte dos 'Capitães da Areia'.
> Os relógios badalavam as três horas da tarde e a cidade
> abafava de calor quando o jardineiro notou que algu-
> mas crianças vestidas de molambos rondavam o jardim
> da residência do comendador. O jardineiro tratou de
> afastar da frente da casa aqueles incômodos visitantes.
> E, como eles continuassem o seu caminho, descendo a
> rua, Ramiro, o jardineiro, volveu ao seu trabalho nos
> jardins do fiando do palacete. Minutos depois, porém,
> era o assalto... (Amado, 2008, p. 12).

Observe a particularidade da cena e o efeito de sentido de realidade construído na medida em que se mobilizam nomes próprios, como *José Ferreira* e *Ramiro*; espaços concretos, como *Corredor da Vitória* e *rua Portugal*. Esses são alguns dos aspectos de iconização responsáveis por dinamizar e particularizar os indivíduos, para saltar aos olhos a realidade concreta como efeito de sentido do discurso. Desse modo, as figuras espaciais ganham visualidades e reputação, pois permitem o reconhecimento dos espaços urbanos, rapidamente identificados na conjuntura espacial de Salvador, capital da Bahia. Destacam-se em diversos momentos da narrativa, por exemplo, espaços como *Itapagipe*, *Baixa dos Sapateiros*, *Porto da Lenha*, *rua Rui Barbosa*, *Terreiro do Gantois*, *Itaparica*, *ladeira de São Bento* etc.

Outro fator importante no processo de iconização em *Capitães da Areia* se dá com a utilização da linguagem em sua forma despida, efeito especialmente conquistado pelo tom coloquial das falas das personagens, cuja finalidade é equivaler a aspereza da linguagem do povo às asperezas das desigualdades que sofre. Arriscamos dizer que essa tenha sido uma das experiências mais radicais que a primeira fase do Modernismo brasileiro legou à experimentação estética, pois permitiu, como em *Capitães da Areia*, a produção de uma verdadeira transgressão linguística conduzida pelo povo em situação de rua, que se encontra encruzilhado e marcado pelas dificuldades de acesso ao ensino formal.

É a possibilidade de uma discursividade centrífuga estabelecida contra o centro regulador de formas que se opõe à polidez e à exatidão linguística, à regulamentação e ao aperfeiçoamento das estruturas canônicas. Com isso, há uma descentralização dos centros de linguagem, o que favorece a emergência de uma nova textualidade com infinitas possibilidades (de conteúdo e expressão) carnavalizadas[15].

Assim, as "palavras erradas", a mobilização de gírias, as expressões regionais e coloquiais, o desalinhamento e o desnivelamento sintático e os termos de baixo calão garantem acentuados efeitos de sentido de realidade e concreticidade, em especial quando associadas às maneiras de dizer dos malandros, das prostitutas e dos meninos em situação de rua.

O alto grau de informalidade, a coloquialidade e as ambiguidades das falas dos personagens de *Capitães da Areia* fazem evocar uma correlação temática com Exu (Figura 4), o orixá mensageiro e senhor da comunicação, com o qual se confunde, estabelece aproximações e revela aquilo que consideramos uma "configuração discursiva exuzesca" do romance. No seguinte trecho, por exemplo, em que Gato vai ao encontro do flautista Gastão ao pedido da prostituta Dalva, é possível observar diferentes traços de oralidade:

> [...] Chegou no prédio um sobrado negro de muitos andares, subiu as escadas, no primeiro andar perguntou a um garoto que dormia no corredor qual era o quarto do Sr. Gastão. O garoto mostrou o último quarto, o Gato bateu na porta. O flautista veio abrir, estava de cuecas e na cama o Gato viu uma mulher magra. Estavam os dois bêbados.
> O Gato falou:
> – Venho da parte de Dalva.
> – Diga àquela *bruaca* que não me amole. *Tou* chateado dela até aqui... – e punha a mão aberta na garganta. De dentro do quarto a mulher falou:
> – Quem é esse *cocadinha*?

---

[15] Para Bakhtin (1987), a carnavalização é a transposição do carnaval para diferentes experiências artísticas, como a literatura. Nesse sentido, uma literatura carnavalizada constrói-se a partir da pluralidade de vozes, com novos tipos de relações humanas em que a subversão e a contradição ganham prioridade. Distancia-se, então, dos discursos centrípetos, voltados para ordem, acabamento, equidade e racionalidade. Na carnavalização perdem-se as hierarquias, invertem-se os papéis temáticos, ridicularizam-se os dogmas, os preceitos e as conveniências.

> – Não *te mete* – disse o flautista, mas logo acrescentou:
> – É um recado da *bruaca* da Dalva. Tá se pelando que eu volte.
> A mulher riu um riso canalha de bêbada:
> – Mas tu agora só quer tua Bebezinha, não é? Vem me dar um beijinho, anjo sem asas.
> O flautista riu também:
> Tá vendo, pedaço de gente? Diz isso a Dalva.
> – Tou vendo um *couro espichado* ali, sim senhor. Que *urubu* você arranjou, hein, camarada?
> O flautista o olhou muito sério:
> – Não fale de minha noiva – e logo:
> – Quer tomar um trago? É caninha da boa.
> O Gato entrou. A mulher na cama se cobriu. O flautista riu:
> – É um filhote somente. Não faz medo.
> – Mesmo esse *couro* – disse o Gato – não me tenta. Nem pra me *tocar bronha* (Amado, 2008, p. 44, grifos nossos).

Em termos semânticos, expressões como "bruaca" = mulher grosseira; "cocadinha" = moleque, criança; "amolar" = perturbar; "couro espichado" = corpo disforme; "urubu" = pessoa desprovida de beleza; "tocar bronha" = masturbação masculina etc. criam uma identificação imediata com expressões populares típicas da região Nordeste do Brasil. Além do que, os segmentos fônicos, normalmente apagados nas falas do português brasileiro, projetam os traços de informalidade e instantaneidade das comunicações cotidianas, como se vê em [tou], [tá], [pra]. Nessa organização, pode-se afirmar que, do ponto de vista estético, o romance cria efeitos de novidade e criatividade, pois solidifica e consolida os anseios e as pretensões da primeira fase do Modernismo no que se refere à incorporação das maneiras reais de dizer aos aspectos linguísticos, regionais e populares.

Figura 4 – Exu, o guardião da Fundação Casa de Jorge Amado, em Salvador

Fonte: Divisão de Pesquisa e Documentação da Fundação Casa de Jorge Amado

Esquema 7 – "Configuração discursiva exuzesca" em *Capitães da Areia*

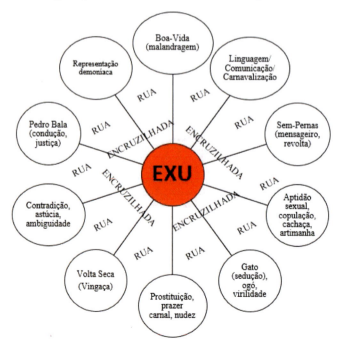

Fonte: elaboração própria

Esses corredores semânticos associados não só à divindade afro-atlântica Exu, mas também aos Capitães da Areia, ficam ainda mais nítidos quando pensamos nos cruzamentos das representações sociais sobre as quais estão embasados preconceitos e estigmatizações que encontram no processo de "demonização" do orixá/entidade e da população em situação de rua, nos universos coletivos e/ou individuais, sua culminância. Se se pode pretender que a presença de Exu, enquanto instância temática associada à potência da fertilidade e à sexualidade no panteão africano, prescreva os domínios isotópicos do discurso em *Capitães da Areia*, é tão somente graças à constatação de equivalências e encontros que englobam traços sêmicos comuns elaborados como forma, não como substância, do conteúdo, que se corporificam nas representações sociais sobre eles.

Exu traz em si todas as possibilidades de seu fazer, tudo aquilo que podemos esperar ou não em relação ao seu comportamento costumeiro em referência às ruas como espaço público/aberto, em que perpassam a marginalização, a criminalização e a prostituição, o uso da fala em sua instabilidade e mutabilidade nas situações reais de comunicação, a comida, a feira, a troca e a bebida, ou seja, ao corpo subalterno, prostituído, marginalizado etc. (Silva, 2022). Essa cadeia de sentido faz dele, como mostramos no esquema 7, um papel isotópico encruzilhado ao longo do discurso manifestado.

Exu se apresenta em *Capitães da Areia* em múltiplas identidades e eixos semânticos, porque está em tudo e em tudo está, porque é o senhor da contradição. Encontra-se na pluralidade de vozes, na intertextualidade intergenérica dos gêneros intercalares do romance ora transposto na debreagem de 1º grau do narrador/narratário (invisibilidade), ora na debreagem de 2º grau do interlocutor/interlocutário (ultravisibilidade), na contradição de ações, na negação de uma rotina oficial, na ridicularização da hipocrisia e do dogmatismo, no produto do sagrado e do profano, na exploração do prazer carnal e sexual, nas ruas e nas encruzilhadas.

Trata-se tão somente de um encontro de cosmologias que se pulverizam como forças regeneradoras diante das intempéries e das desigualdades enfrentadas em decorrência do racismo e do preconceito em todas suas dimensões (religioso, linguístico, ambiental, social etc.). É a prevalência do espaço público como potência de criação, o escracho da seriedade e a lógica da informalidade que norteiam a construção de uma discursividade exuzesca, uma experimentação estética que descentraliza as estruturas por meio de textualidades ancestrais.

Recorre-se a Exu como corpo sêmio-conceitual e como categoria de análise, porque é quem melhor matiza a sabedoria popular, uma cultura de síncope, um radicalismo em concepção de presença ou de ausência, já que dado em contradição, de estética e de ética nas identidades dos sujeitos marginalizados, mesmo que em tendência ocultada, porém que converge para sua unidade ao mesmo instante multiplicado e unificado.

3.5 A ideologia e o projeto político do romance social

A vasta e complexa rede de diferenças, que se dá com a utilização de figuras caricaturais e bem definidas, permite-nos apreender os parâmetros estéticos e ideológicos do romance social amadiano, já que não cabe aqui uma análise minuciosa do movimento Modernista na década de 1930.

Uma das problemáticas centrais deste exercício de análise, o conceito de ideologia assume corriqueiramente duas diferentes interpretações: a) como ocultamento e falseamento da realidade a partir de um sistema de valores, ou seja, como instrumento de dominação da classe hegemônica para a exploração econômica e política da classe dominada; e b) como conjunto de ideias, visão de mundo e interpretação dos fenômenos sociais (Chauí, 2008). Aqui, adotaremos de empréstimo as duas concepções, devido às suas aproximações com nossos objetivos e com os aspectos que nos permitem examinar detalhadamente as relações entre ideologia e obra de arte e a forma como elas se inserem no contexto de produção e recepção do texto.

Esses procedimentos são essenciais quando confrontados com o conjunto artístico de Jorge Amado, particularmente em relação à produção literária do escritor baiano realizada entre 1931 e 1952, período em que se se situa *Capitães da Areia*. Afinal, é um dos bons exemplos de materialização das formações ideológicas, enquanto projeto de emancipação e engajamento político-partidário, da literatura brasileira. Mesmo assim, é necessário destacar que o projeto ideológico do romance social não só é evidenciado ao valorizar, positiva ou negativamente, as ações e as paixões humanas, mas também ao revelar a incorporação e a exibição, em seu projeto estético, da linguagem carnavalizada e exuzesca, como vimos na seção anterior.

Como explica Lafetá (2000, p. 28, grifos do autor):

> O *projeto estético*, que é a crítica da velha linguagem pela confrontação com uma nova linguagem, já contém em si seu *projeto ideológico*. O ataque às maneiras de dizer se identifica ao ataque às maneiras de ver (ser, conhecer) de uma época; se é na (e pela) linguagem que os homens externam sua visão de mundo (justificando, explicitando, desvelando, simbolizando ou encobrindo suas relações reais com a natureza e a sociedade), investir contra o falar de um tempo será investir contra o ser desse tempo.

Sinaliza-se, não obstante, que, quando nos referimos à questão da ideologia na análise semiótica, não estamos discorrendo, pura e simplesmente, acerca da história de vida, dos pensamentos e das atitudes de Jorge Amado, indivíduo de carne e osso, mas, sim, de um enunciador pressuposto pelo enunciado, de uma imagem, um simulacro construído e dos efeitos de sentido decorrentes deles em seu discurso.

Fiorin (1988a, p. 51) adverte que "a análise, em síntese, não se interessa pela verdadeira posição ideológica do enunciador real, mas pelas visões de mundo dos enunciadores (um ou vários) inscritos no discurso". Em *Capitães da Areia*, na dispersão da figuratividade, são vistos dois sistemas de valores contrários, que nos permitem examinar o conflito estabelecido entre a *práxis* dos sujeitos marginalizados e a *práxis* da classe dominante e hegemônica. O interlocutor e o interlocutário (debreagem de segundo grau) manifestam seus pontos de vista e suas visões de mundo em conformidade com suas experiências, os interesses individuais, os anseios e as necessidades a partir das cosmologias de que fazem parte. Pedro Bala, por exemplo, ao longo do desenvolvimento do romance, adquire consciência de classe sobre a situação do sistema, chegando, inclusive, ao engajamento nas lutas revolucionárias (político-partidárias). É evidente que o fio condutor do personagem é a busca por uma nova conjunção de liberdade, que só poderá ser adquirida pela consciência de classe.

Também foi identificado, em diferentes momentos deste estudo, que a própria noção de humanidade é tomada como valor e determina, por consequência, as distinções no enquadramento dos corpos e dos modos como se manifestam as subjetividades. E, claro, das chances de cada indivíduo pela sobrevivência no regime de produção capitalista representada no texto.

O narrador da obra (debreagem de primeiro grau), sobre quem comentaremos melhor no próximo capítulo, assume e se engaja num posicionamento contrário à ideologia dominante. Em ...*Uma pátria e uma família*, é ele quem nos mostra que a revolução proletária é o caminho pelo qual se alcança a efetivação da liberdade humana, como tematizada em *Capitães da Areia*, na esteira do materialismo histórico-dialético subjacente.

Adulto, Pedro Bala abandona a liderança dos meninos em situação de rua e, mais tarde, torna-se militante proletário perseguido pela polícia. Retorna à cena quando nos são apresentados o silenciamento absoluto e a perseguição explícita contra o militante proletário (a ditadura), agora procurado pelas forças policiais:

> Anos depois, os jornais de classe, pequenos jornais, dos quais vários não tinham existência legal e se imprimiam em tipografias clandestinas, jornais que circulavam nas fábricas, passados de mão em mão, e que eram lidos à luz de fifós, publicavam sempre notícias sobre um militante proletário, o camarada Pedro Bala, que estava perseguido pela polícia de cinco estados como organizador de greves, como dirigente de partidos ilegais, como perigoso inimigo da ordem estabelecida. No ano em que todas as bocas foram impedidas de falar, no ano que foi todo ele uma noite de terror, esses jornais, únicas bocas que ainda falavam, clamavam pela liberdade de Pedro Bala, líder da sua classe, que se encontrava preso numa colônia. E, no dia em que ele fugiu, em inúmeros lares, na hora pobre do jantar, rostos se iluminaram ao saber da notícia. E, apesar de que lá fora era o terror, qualquer daqueles lares era um lar que se abriria para Pedro Bala, fugitivo da polícia. Porque a revolução é uma pátria e uma família (Amado, 2008, p. 270).

Podemos concluir que essas são as principais configurações do romance social amadiano em análise, uma das principais referências da geração de 1930 ou do Regionalismo, cuja ênfase recai sobre uma visão de mundo segundo a qual as consciências política e social são fatores determinantes para as transformações sociais e, portanto, para a superação dos problemas de sua época.

Nesse contexto, em que se pauta o subdesenvolvimento e os problemas dos grupos marginalizados, a arte e a literatura exercem um lugar privilegiado na formação política dos indivíduos, como propõe Trotsky (1989). Mais que simples alinhamento às diretrizes do Partido Comunista, como se esforçam em mostrar análises reducionistas ao longo do tempo e do espaço, o romance em questão, assim como qualquer manifestação e/ou produto cultural, exerce um papel político, crítico e transformacional na sociedade.

Por isso mesmo, *Capitães da Areia* não é uma mera obra panfletária com fins ideológicos, mas um romance que não dissimula e não deixa de apresentar uma visão compreensiva e interpretativa sobre os problemas de seu tempo, marcado pela profusão de discursividades e ancorado em erosões políticas e sociais, como mostraremos melhor no próximo capítulo (v. 4.2).

Capítulo 4

Discurso e enunciação

Neste último capítulo, examinaremos os mecanismos e as posições enunciativas e discutiremos a noção de ponto de vista e as orientações argumentativas que estruturam o processo de significação. Em um segundo momento, na esteira dos estudos do Círculo Linguístico de Bakhtin, mas sem adentrá-los em profundidade, o objetivo será compreender as relações interdiscursivas e intertextuais, pelas quais apreenderemos os aspectos sociais e históricos.

4.1 O mecanismo da enunciação

Quando se fala de discurso no campo da ciência da linguagem, duas grandes tendências se definem com diferentes propósitos: de um lado, está aquela associada ao linguista francês Émile Benveniste, cuja ênfase é colocada na estrutura linguística, e a partir de quem a semiótica desenvolve um aprimorado método de compreensão acerca dos processos de subjetividade na linguagem, sobretudo no que diz respeito aos mecanismos de discursivização da enunciação; de outro, está aquela associada ao filósofo da linguagem, Mikhail Bakhtin, cujas análises voltam-se para a historicidade discursiva, para as relações dialógicas entre os enunciados, e de quem provêm as bases dos princípios de interdiscursividade e intertextualidade no universo das teorias do discurso. Por isso, o estatuto da enunciação é aqui colocado em um duplo viés: numa primeira direção, como instância de mediação entre estruturas semionarrativas e estruturas discursivas; e, numa segunda, como instância de mediação entre o discurso e o contexto social e histórico (Barros, 2001).

Assumir a enunciação como instância de mediação entre as estruturas semionarrativas (virtualização) e as estruturas discursivas (realização) significa considerar sua atuação no processo de revestimento e concretização das unidades simples e abstratas em razão dos procedimentos e mecanismos de actorialização, temporalização, espacialização, tematização e figurativização.

Como esperamos ter mostrado no capítulo anterior, a tematização e a figurativização atuam na lógica e na estrutura que sustentam as desigualdades e os estigmas sociais associados aos meninos em situação de rua, especialmente a partir dos processos de invisibilização e (ultra)visibilização desses sujeitos. Neste momento, é a vez de explorarmos a organização da actorialização, da espacialização e da temporalização, categorias que compõem aquilo que Benveniste denominou de o *aparelho formal da enunciação*, uma vez reconhecido em todas as linguagens e constitutivo a todas as línguas.

Benveniste mostra que o *eu* (identificado como a pessoa que fala) só se concretiza como pessoa discursiva se levado em consideração um *tu* (identificado como a pessoa com quem se fala). O centro dêitico "eu-tu" passa a compor o horizonte referencial e intersubjetivo da enunciação, a partir do qual se organizam todos os demais sistemas enunciativos. Como adiantado em nossa introdução, a enunciação é aqui compreendida como instância linguística logicamente pressuposta pela própria existência do enunciado (Greimas; Courtés, 2008).

É possível, em diferentes níveis enunciativos, identificar variadas composições acerca do "eu": o *enunciador* como instância pressuposta (enunciação pressuposta); o *narrador* inscrito no discurso (debreagem de 1º grau); e o *interlocutor*, a quem o narrador delega a voz em primeira pessoa (debreagem de 2º grau). E mais: que para cada "eu" há um "tu" correspondente: o *enunciatário* para o "tu" referente ao enunciador na enunciação pressuposta; o *narratário* para o "tu" referente ao narrador na debreagem de 1º grau; e o *interlocutário* para o "tu" referente ao interlocutor, na debreagem de 2º grau. Com efeito, o sujeito da enunciação não se encontra localizado nem no domínio particular do "eu" nem no do "tu", mas na relação sincrética (no sentido hjelmsleviano do termo) e intersubjetiva instalada entre enunciador e enunciatário e, mais do que isso, na responsabilidade que ambos passam a desempenhar conjuntamente na construção do sentido.

Isso implica dizer ainda que o enunciado sempre carrega traços, deixa rastros do processo de enunciação e operacionaliza efeitos de sentido específicos a depender dos diferentes propósitos comunicativos. Assim, as coordenadas pessoais, espaciais e temporais, na medida em que particularizam e concretizam as organizações gerais e abstratas dos níveis semionarrativos, dinamizam o processo de debreagem, tomado como a projeção da enunciação no enunciado em duas dinâmicas: *a debreagem enunciativa*, graças à projeção de um eu-aqui-agora, que mobilizado na tessitura discursiva cria os efeitos de sentido de subjetividade e proximidade da enunciação; e *a debreagem enunciva*, que projeta um ele-então-*alhures*, com o objetivo de criar os efeitos de sentido de objetividade e de distanciamento da enunciação (Fiorin, 2016).

Pode-se observar um terceiro mecanismo de discursivização: a *embreagem*. É nesse processo em que ocorre a neutralização das categorias de pessoa e/ou tempo e/ou espaço, numa espécie de retorno à enunciação, ou de mistura entre os níveis enunciativos. Em termos muito simples, no processo de embreagem, dá-se a instalação de uma pessoa e/ou tempo e/ou espaço com valor de outro(a), que implica pressupor sempre uma debreagem anterior e um sincretismo dessas instâncias. Esse recurso cria, em sua mobilização, efeitos de sentido de atenuação, irrealidade e, ao mesmo tempo, proximidade e distanciamento com a enunciação.

Para melhor entendermos os efeitos de sentido instaurados no discurso, recorremos não só às noções de projeção da enunciação da semiótica discursiva, anteriormente comentadas, mas também às noções de perspectiva e de ponto de vista da Teoria Literária, sempre atentos para o fato de que esses recursos atuam conjuntamente no processo de persuasão e convencimento do discurso, sobre o qual serão apurados os efeitos de sentido específicos em *Capitães da Areia*.

4.1.1 O narrador estrategista

Para Bertrand (2003), o enunciador, enquanto instância pressuposta, organiza as operações de estruturação dos enunciados a partir de orientações delegadas a um ponto de vista, no qual se depreendem os diversos modos de presença do narrador. Esse é o papel desempenhado pelo tipo de instância narrativa mediadora onisciente de *Capitães da Areia*, responsável não só por uma maneira de contar, mas também pela perspectiva ou ponto de vista adotado como fio condutor de apresentação dos fatos.

Esse narrador, que se apresenta dinâmico e estratégico, controla a cena enunciativa, conhece a subjetividade e os conflitos internos dos personagens e confunde-se com eles, desaparece por trás do narrado, como ocorre na utilização do discurso indireto livre e na delegação de vozes na debreagem de segundo grau. Naturalmente, o modo de contar e organizar a narração implica a centralidade ou a perspectiva de um percurso narrativo que tangencia percursos narrativos secundários, uma vez colocada a polêmica clara no enredo, em que as vozes se entrecruzam e concorrem entre si.

Como já sabemos, nosso romance-objeto está assentado na colisão de perspectivas entre as crianças em situação de rua e aqueles que se alinham à causa dos menores abandonados *versus* as estruturas dominantes que, como mostramos em diferentes momentos desta investigação, atuam na afirmação de uma liberdade contratual de organização social.

O primeiro tomo do romance (*Cartas à redação*) é o ponto de partida em que se introduz a perspectiva ou o ponto de vista de ambas as posições ideológicas por meio de uma debreagem de segundo grau delegada ao interlocutor. Retornemos a um exemplo já apresentado no capítulo anterior para apresentar detalhadamente como se evidencia a perspectiva das estruturas dominantes, que assume um papel secundário e se organiza por meio da projeção da debreagem enunciva, isto é, a partir da instalação de um *ele(s)* (José Ferreira, "comendador"; os Capitães da Areia, "crianças vestidas de molambos", "um bando de demônio"; Ramiro, "o jardineiro"; a empregada, *não nomeada* etc.); de um *então* ("às três horas da tarde"; "não tinha passado ainda cinco minutos"; "uma hora de indescritível agitação e susto" etc.); e de um *lá* ("na residência do comendador José Ferreira"; "no Corredor da Vitória, coração do mais chique bairro da cidade"; "o jardim da residência do comendador" etc.). Trata-se, portanto, de um não-*eu*, de um não-*aqui* e de um não-*agora*. Busca, com esse procedimento, garantir o distanciamento dos aparelhos de informação e a "neutralidade" das posições enunciativas:

> NA RESIDÊNCIA DO COMENDADOR JOSE FERREIRA
> No Corredor da Vitória, coração do mais chique bairro da cidade, se eleva a bela vivenda do Comendador José Ferreira, dos mais abastados e acreditados negociantes desta praça, com loja de fazendas na rua Portugal. É

um gosto ver o palacete do comendador, cercado de jardins, na sua arquitetura colonial. Pois ontem esse remanso de paz e trabalho honesto passou uma hora de indescritível agitação e susto com a invasão que sofreu por parte dos 'Capitães da Areia'. Os relógios badalavam as três horas da tarde e a cidade abafava de calor quando o jardineiro notou que algumas crianças vestidas de molambos rondavam o jardim da residência do comendador. O jardineiro tratou de afastar da frente da casa aqueles incômodos visitantes. E, como eles continuassem o seu caminho, descendo a rua, Ramiro, o jardineiro, volveu ao seu trabalho nos jardins do fiando do palacete. Minutos depois, porém, era o

ASSALTO
Não tinham passado ainda cinco minutos quando o jardineiro Ramiro ouviu gritos assustados vindos do interior da residência. Eram gritos de pessoas terrivelmente assustadas. Armando-se de uma foice o jardineiro penetrou na casa e mal teve tempo de ver vários moleques que, como um bando de demônios na expressão curiosa de Ramiro, fugiam saltando as janelas, carregados com objetos de valor da sala de jantar. A empregada que havia gritado estava cuidando da senhora do comendador, que tivera um ligeiro desmaio em virtude do susto que passara. O Jardineiro dirigiu-se às pressas para o jardim, onde teve lugar a [LUTA] (Amado, 2008, p. 12-13).

Os recursos linguístico-discursivos projetados criam os efeitos de imparcialidade e objetividade, que provocam a sensação de que os fatos estão narrando a si mesmos, distantes de qualquer subjetividade e interferência exterior, embora seja possível identificar elementos apreciativos e opinativos que evidenciam uma clara tomada de posição em relação aos participantes, aos espaços e aos furtos que se sucedem no contexto em questão ("mais chique bairro da cidade"; "abastados e acreditados comerciantes desta praça"; "é um gosto ver o palecente"; "terrivelmente assustada"; para citarmos alguns exemplos).

Para a construção do efeito, eliminam-se as marcas de enunciação para consolidar um discurso organizado exclusivamente por enunciados, ou seja, enunciado-enunciado. É oportuno lembrar das marcas de veridicção do discurso, baseado num consenso cognitivo, bem como do contrato fiduciário, que se estabelece na confiança e na crença entre os participantes da comunicação. Nessa projeção é que se determinam efeitos de sentido de verdade, de mentira, de falsidade e de ilusão, já comentados no Capítulo 1 (Greimas, 2014).

Em *Cartas à redação*, o narrador, que se esconde atrás da debreagem de segundo grau por não se enunciar no texto, apresenta perspectivas conflitantes para que o narratário implícito possua, em princípio, uma sistematização do contexto em que se situam os dois pontos de vista que conduzem toda narrativa. É como se o narrador esperasse uma tomada de posição inicial do narratário para que, numa dimensão democrática e participativa, provoque o desvendamento dos fatos que se apresentam em termos de produção e condições sociais e históricas. E, claro, consolide a linha argumentativa em busca do convencimento do narratário, pois os modelos narrativos correspondem aqui a duas formas de sociedade: uma, marcada pelo princípio de participação (da classe dominante); outra, pelo de exclusão (da classe dominada). Busca, em suma, direcionar o narratário às contradições e à crise de valores para organizar e fundamentar as versões narrativas. Com efeito, descentraliza o monolinguismo dos detentores dos meios de produção de linguagem e assegura que o narrador tem um conhecimento ilimitado sobre o universo ficcional.

No trecho que segue é apresentada, por seu turno, a versão do padre José Pedro, que se encontra em sintonia com as denúncias de Maria Ricardina, mãe de uma das crianças que integra os Capitães da Areia. A carta do padre mostra-se contrária às apurações e ao enquadramento da cobertura do *Jornal da Tarde* sobre a atuação do Reformatório Baiano de Menores Delinquentes e Abandonados:

CARTA DO PADRE JOSE PEDRO À REDAÇÃO DO JORNAL DA TARDE

Sr. Redator do Jornal da Tarde

Saudações em Cristo.
Tendo lido, no vosso conceituado jornal, a carta de Maria Ricardina que apelava para mim como pessoa que podia esclarecer o que é a vida das crianças recolhidas ao reformatório de menores, sou obrigado a sair da obscuridade em que vivo para vir vos dizer que infelizmente Maria Ricardina tem razão. As crianças no aludido reformatório são tratadas como feras, essa é a

verdade. Esqueceram a lição do suave Mestre, senhor Redator, e em vez de conquistarem as crianças com bons tratos, fazem-nas mais revoltadas ainda com espancamentos seguidos e castigos físicos verdadeiramente desumanos. Eu tenho ido lá levar às crianças o consolo da religião e as encontro pouco dispostas a aceitá-lo devido naturalmente ao ódio que estão acumulando naqueles jovens corações tão dignos de piedade. O que tenho visto, senhor Redator, daria um volume.
Muito grato pela atenção.
Servo em Cristo,
Padre José Pedro
(Carta publicada na terceira página do *Jornal da Tarde*, sob o título "Será Verdade?" e sem comentários) (Amado, 2008, p. 20; itálico e negrito do autor).

Podemos identificar que o trecho em questão, quando cotejado na relação com o anteriormente analisado, está organizado em torno de um *eu* ("padre José Pedro"); de um *aqui* ("obscuridade em que vivo"); e de um *agora* que coincide com o momento da enunciação, não revelado explicitamente no texto, mas que pode ser recuperado como concomitância ao momento da enunciação devido à coercitividade e aos aspectos formais do gênero textual carta. De forma mais detalhada, esse rastreamento pode ser observado pelos tempos verbais que se encontram no presente do indicativo ("sou"; "são", "fazem" etc.) e que expressam que o ato é concomitante ao momento de referência presente (MR), que é concomitante ao momento de enunciação (ME).

De acordo com Fiorin (2016), essa demarcação é produto das proporções do tempo linguístico entre a concomitância ou não concomitância de um acontecimento em função do momento de enunciação. A debreagem enunciativa produz a enunciação enunciada e constrói os efeitos de subjetividade, de presentificação e de realidade.

À sombra do narrado, o narrador vai preenchendo com certos indícios a configuração de um enredo polifônico, para ficarmos com o conceito de Bakhtin, cuja finalidade é imprimir, na debreagem de segundo grau, vozes antagônicas sobre o fenômeno da marginalização social. Com base na consciência coletiva e nas avaliações prévias, parte para a tomada de posição em relação à tentativa de humanizar os Capitães da Areia. Daí é possível rastrear o ponto de vista avaliativo e a posição ideológica do narrador sobre o mundo representado. Desse modo, o ponto de vista argumentativo é o ponto de vista dominante ao qual se subordinam todos os outros pontos de vista secundários, e a partir dele é possível evidenciar uma multiplicidade de desdobramentos internos que permitem que a narração se organize de acordo com avaliações individuais e seletivas.

Nessa confluência, o narrador mostra ter total domínio sobre as circunstâncias, sobre as dimensões históricas e psicológicas dos sujeitos, dos espaços e dos tempos, sobre as projeções futuras e sobre os dilemas existenciais dos personagens, e assegura ao narratário a eficiência dos fatos narrados. Por isso, apresenta-se como estratégico, aquele que tudo sabe e que tudo vê, cuja mobilidade e ubiquidade são de identificação imediata. Vejamos como podemos apreender essas configurações em um excelente exemplo, em que se constata um conhecimento histórico e espacial do narrador sobre o velho trapiche abandonado no cais do porto, por ter informações ilimitadas mesmo antes da ocupação pelas crianças:

> Sob a lua, num velho trapiche abandonado, as crianças dormem. Antigamente aqui era o mar. Nas grandes e negras pedras dos alicerces do trapiche as ondas ora se rebentavam fragorosas, ora vinham se bater mansamente. A água passava por baixo da ponte sob a qual muitas crianças repousam agora, iluminadas por uma réstia amarela de lua. Desta ponte saíram inúmeros veleiros carregados, alguns eram enormes e pintados de estranhas cores, para a aventura das travessias marítimas. Aqui vinham encher os porões e atracavam nesta ponte de tábuas, hoje comidas. Antigamente diante do trapiche se estendia o mistério do mar-oceano, as noites diante dele eram de um verde escuro, quase negras, daquela cor misteriosa que é a cor do mar à noite. Hoje a noite é alva em frente ao trapiche. É que na sua frente se estende agora o areal do cais do porto. Por baixo da ponte não há mais rumor de ondas. A areia invadiu tudo, fez o mar recuar de muitos metros. Aos poucos, lentamente, a areia foi conquistando a frente do trapiche. Não mais atracaram na sua ponte os veleiros que iam partir carregados. Não mais trabalharam ali os negros musculosos que vieram da escravatura. Não mais cantou na velha ponte uma canção um marinheiro

> nostálgico. A areia se estendeu muito alva em frente ao trapiche. E nunca mais encheram de fardos, de sacos, de caixões, o imenso casarão. Ficou abandonado em meio ao areal, mancha negra na brancura do cais. (Amado, 2008, p. 27-28).

Esse narrador, com suas estratégias de variação de orientações discursivas, chega até mesmo ao ponto de se projetar internamente no psicológico dos personagens, misturando-se com eles, ecoando vozes, como característica da *focalização zero*, na nomenclatura de Genette (1973), em que se dá o controle total da cena enunciativa devido ao fato de a instância narradora saber mais do que as personagens e ter acesso pleno à interioridade delas. É o uso do discurso indireto livre na construção de uma narrativa bivocal:

> Mas o Sem-Pernas preferiria, sem dúvida, ter rodado no carrossel, montado naquele fantástico cavalo de cabeça de dragão, que era sem dúvida a coisa mais estranha e tentadora na maravilha que era o carrossel para os seus olhos. Criou ainda mais ódio aos guardas e maior amor aos carrosséis distantes. E agora, de repente, vinha um homem que pagava cerveja e fazia o milagre de o chamar para viver uns dias junto a um verdadeiro carrossel, movendo com ele, montando nos seus cavalos, vendo de perto rodarem as luzes de todas as cores. E para o Sem-Pernas, Nhozinho França não era o bêbado que estava em sua frente na pobre mesa da Porta do Mar. Para seus olhos era um ser extraordinário, algo como Deus, para quem rezava Pirulito, algo como Xangô, que era o santo de João Grande e do Querido-de-Deus. Porque nem o padre José Pedro e nem mesmo a mãe-de-santo Don'Aninha seriam capazes de realizar aquele milagre. Nas noites da Bahia, numa praça de Itapagipe, as luzes do carrossel girariam loucamente movimentadas pelo Sem-Pernas. Era como num sonho, sonho muito diverso dos que o Sem-Pernas costumava ter nas suas noites angustiosas. E pela primeira vez seus olhos sentiram-se úmidos de lágrimas que não eram causadas pela dor ou pela raiva. E seus olhos úmidos miravam Nhozinho França como a um ídolo. Por ele até a garganta de um homem o Sem-Pernas abriria com a navalha que traz entre a calça e o velho colete preto que lhe serve de paletó (Amado, 2008, p. 65-66).

No trecho, narra-se a eufórica sensação de Sem-Pernas ao ser convidado por Nhozinho França para colocar em funcionamento o Grande Carrossel Japonês que se instalara em Itapagipe. Vejamos como podemos ter acesso aos pensamentos de Sem-Pernas, no limiar de sua felicidade e de sua delicada relação com as memórias trágicas presentificadas no campo do narrado.

É de fácil reconhecimento duas vozes. Uma primeira, a do narrador, que narra o encontro de Sem-Pernas com o Carrossel Japonês. Uma segunda, a do Sem-Pernas, pela qual temos acesso às suas emoções e às sensações de contemplação e condução do brinquedo. Reconhece-se, até certo grau, os limites entre a fala do narrador e a do personagem, pois, apesar de se misturarem, são percebidas distintamente. Notemos mais um exemplo do discurso indireto livre:

> Ele tinha jurado a Deus, no seu temor, que só furtaria para comer ou quando fosse uma coisa ordenada pelas leis do grupo, um assalto para o qual fosse indicado por Pedro Bala. Porque ele pensava que trair as leis nunca tinham sido escritas, mas existiam na consciência de cada um deles dos Capitães da Areia era um pecado também. E agora ia furtar só para ter o Menino consigo, alimentá-lo com seu carinho. Era um pecado, não era para comer, para matar o frio, nem para cumprir as leis do grupo. Deus era justo e o castigaria, lhe daria o fogo do inferno. Suas carnes arderiam, suas mãos que levassem o Menino queimariam durante uma vida que nunca acabava. O Menino era do dono da loja. Mas o dono da loja tinha tantos Meninos, e todos gordos, e rosados, não iria sentir falta de um só, e de um magro e friorento! Os outros estavam como ventre envolto em panos caros, sempre panos azuis, mas de rica fazenda. Este estava totalmente nu, tinha frio no ventre, era magro, nem do escultor tivera carinho. E a Virgem o oferecia a Pirulito, o Menino estava solto nos braços dela... O dono da loja tinha tantos Meninos, tantos... Que falta lhe faria este? Talvez nem se importasse, talvez até se risse quando soubesse que haviam furtado aquele Menino que nunca tinha conseguido vender, que estava solto nos braços da Virgem, diante do qual as beatas que vinham comprar diziam horrorizadas: – Este não... Ele

> é tão feio, Deus me perdoe... E ainda por cima solto dos braços de Nossa Senhora. Cai no chão e pronto. Esse não... (Amado, 2008, p. 115-116).

Como se vê, o dilema ético de Pirulito gira em torno do furto do menino Deus dos braços da escultura de Nossa Senhora da Conceição numa vitrina de uma loja de produtos religiosos. Sabemos que havia o entendimento de que os furtos só seriam praticados e justificados em caso de sobrevivência ou conforme as leis do grupo. Não obstante, a devoção e o reconhecimento de Pirulito diante de um Deus magro, negro, nu e pobre, assim como ele, arrebatam-no ao ponto de intensificar seu desejo de entrar em conjunção com o objeto. No primeiro momento, ele hesita em levar o Menino Deus devido ao castigo divino que, dentro da lógica cristã com que se alinha, poderia sofrer. Em seguida, no entanto, furta-o em razão da piedade e da compaixão que sente diante de um Menino Deus com fome e frio.

Constatemos como os pensamentos de Pirulito vão se organizando ao longo da narração. Na medida em que o narrador nos relata os fatos, os pensamentos e as angústias, interrogações e exclamações da criança saltam no texto e provocam uma mistura enunciativa, ora de Pirulito, ora do narrador. Por exemplo, especificamente nos seguintes trechos: "Mas o dono da loja tinha tantos Meninos, e todos gordos, e rosados, não iria sentir falta de um só, e de um magro e friorento!" e "O dono da loja tinha tantos Meninos, tantos... Que falta lhe faria esse?", temos avaliações e exclamações de Pirulito. Já em: "Porque ele pensava que trair as leis nunca tinham sido escritas, mas existiam na consciência de cada um deles dos Capitães da Areia, era um pecado também", temos a fala do narrador.

Há ainda enunciados que poderiam ser classificados como pertencentes aos dois a depender da forma. Veja o seguinte período em que se constata essa dinâmica: "E agora ia furtar só para ter o Menino consigo, alimentá-lo com seu carinho. Era um pecado, não era para comer, para matar o frio, nem para cumprir as leis do grupo". Na forma em questão, pode-se argumentar que pertence à voz do narrador, mas que pode ser atribuído também, se tomado de outra forma, à voz do personagem.

Tudo isso nos oferece pistas sobre como se configura a relação da instância narradora com seus desdobramentos e o universo ficcional. Há de se considerar que o narrador onisciente, com suas estratégias mediadoras, deseja produzir efeitos específicos para comunicar um conjunto de valores percebido ideologicamente, apreendido única e exclusivamente através do discurso.

4.2 As interfaces sócio-históricas

É comumente visível, no campo da pesquisa semiótica, o privilégio da compreensão imanentista ou estrutural do texto em detrimento – em maior ou menor medida – da análise dos aspectos interdiscursivos e intertextuais. Em todo caso, conforme explicado em outras partes deste trabalho, a apreensão do sentido só é possível de se alcançar se pautada não somente nos aspectos intradiscursivos, mas também nas relações entre o discurso e a sociedade, ou seja, a partir das relações que o texto mantém com outros textos e discursos (Ricoeur, 1986).

Partindo dessa premissa, chamamos a atenção, na esteira dos estudos do Círculo Linguístico de Bakhtin, para a compreensão de que o interdiscurso precede o discurso em uma relação polêmica – seja ela de concorrência ou conflito, seja ela de aliança ou parceria –, o que significa sempre levar em consideração o embate entre formações discursivas diversas, cujas relações de acordo e desacordo demandam do semioticista elucidações.

É fundamental, para que cumpramos nosso objetivo, retornarmos, mesmo que brevemente, ao contexto mundial da década de 1930, desde que cientes de que esse recorte histórico nos permite entender melhor as discursividades, próximas e distantes, de nosso objeto em exame, uma vez constituído como um produto sociocultural, de porosidades interdiscursivas e intertextuais, que permeiam constitutivamente seu interior discursivo.

Sinalizamos que não pretendemos aqui discutir todas as múltiplas possibilidades de compreensão sobre os aspectos históricos por, em primeiro lugar, não ser nosso objetivo e, em segundo lugar, por nos faltar competência para isso. Para chegar, ainda assim, às relações interdiscursivas e intertextuais pelas quais analisaremos os aspectos sociais e históricos, atentarem-nos a certos indícios oferecidos pela própria cadeia organizacional do texto. Faremos isso ao passo que delimitarmos o contexto de produção, o do romance da geração de 1930, também conhecida como "romance social" da segunda fase do Modernismo brasileiro, e apreendermos alguns dos diálogos possíveis, considerando certas pistas oferecidas pelo próprio texto estudado.

Cientes de que a historicidade discursiva nada tem a ver com referências a acontecimentos históricos de uma época, optemos por citá-los, sem pretensão analítica, por entender a necessidade de um levantamento das discursividades que configuram a época em que a obra foi confeccionada. Por isso, falaremos, apenas com caráter informativo, sobre alguns dos principais acontecimentos históricos da primeira metade do século XX e, por assim refletir, da história mundial: a 1ª Guerra, de 1914 a 1918; e a 2ª Guerra Mundial, de 1939 a 1945; a quebra da Bolsa de Valores de Nova York em 1929, o empobrecimento e o desemprego massivo da "Grande Depressão". Do outro lado do globo, a consolidação do Stalinismo na União das Repúblicas Socialistas Soviéticas (URSS); o Realismo Socialista como movimento artístico, plástico e estético com fins de disseminação ideológica; o culto à personalidade; a expansão da Internacional Comunista.

Não é falso dizer: alguns desses aspectos modificam a representação da União Soviética em todo o mundo, especialmente depois das denúncias de Nikita Khrushchov durante o XX Congresso do Partido Comunista da União Soviética em 1956, quando revelados os crimes de Josef Stalin. Na Europa ocidental, eclodem ondas totalitárias e erosões democráticas. É a vez do Fascismo italiano, do Salazarismo português, do Franquismo espanhol, e do Nazismo alemão. Com efeito, esse é o momento em que se dá a disseminação de ideias de valorização da pureza, de homogeneidade e de controle civil.

Esses discursos, ancorados muitas vezes em formulações pretensamente científicas desempenhadas por historiadores, linguistas, filólogos e antropólogos que se dedicaram à descoberta das "raças puras" e das "línguas originárias" no século XIX, como o método histórico-comparativo na Linguística, contribuem dialogicamente para a consolidação do holocausto nos campos de concentração e de extermínio nazistas (Blikstein, 2020).

No Brasil, é o contexto da Semana de Arte Moderna, do nascimento do Partido Comunista do Brasil e do Movimento Tenentista, em 1922. Em 1930, a Revolução burguesa e o início da Era Vargas, o surto urbanístico e o desenvolvimento industrial. Em 1932, a Revolução Constitucionalista de São Paulo. Em 1937, a ditadura do Estado Novo.

Os embates discursivos decorrentes de todos os eventos citados até aqui impulsionarão, por um lado, o nascimento da Ação Integralista Brasileira (AIB) (Figura 5), doutrina nacionalista de viés nazifascista; e, por outro, do surgimento da Aliança Nacional Libertadora (ANL) (Figura 6), movimento anti-imperialista, antifascista e anti-integralista (Fausto, 2006).

Afinal, tomaremos como referência os produtos dessas relações na compreensão dos anseios ideológicos e dos embates polêmicos que garantem, para além de uma simples configuração discursiva, sentido e primazia a uma dada época histórica. É inegável que o embate ideológico sobre o qual discorremos exerce importante influência na produção dos romances da década de 1930 em duas tendências: os romances burgueses, religiosos e conservadores, que tematizam, em certa medida, o princípio de unidade, conservação e pureza; e os romances sociais (intencionais ou proletários), que priorizam a diversidade, a pluralidade e, especialmente, a denúncia das mazelas sociais e a consciência de subdesenvolvimento (Cândido, 1965).

Figura 5 – Militantes da Ação Integralista Brasileira (AIB) (1930)

Fonte: Divisão de Pesquisa e Documentação da Fundação Casa de Jorge Amado.
* Destacamos a figura de Plínio Salgado, principal representante do Integralismo brasileiro (centro)

Figura 6 – Militantes da Aliança Nacional Liberadora (ANL) que integraram a bancada do Partido Comunista (1946)

Fonte: Divisão de Pesquisa e Documentação da Fundação Casa de Jorge Amado.
* Destacamos as figuras de Luís Carlos Prestes (no centro, quarto à esquerda na primeira fileira); Carlos Marighela (segundo à direita na segunda fileira) e de Jorge Amado (primeiro à esquerda na primeira fileira)

Mostraremos como essas relações se dinamizam ancorado no conceito de dialogismo, de Mikhail Bakhtin (2009), quem, ao propor a gênese da translinguística, defende que os enunciados estão em constantes cruzamentos constitutivos, marcados por oposição e antagonismo. O princípio do dialogismo é assim colocado como modo de funcionamento concreto da linguagem, em que o enunciado-discurso é constituído em relação ao seu par oposto (o enunciado-discurso alheio), que com ele dialoga e lhe dá materialidade.

Ora, assumir o primado do dialogismo significa considerar que todos os textos, independentemente de sua natureza (verbais, não verbais e sincréticos), encontram-se permanentemente em relações constitutivas, também denominadas de relações *interdiscursivas*, ou, ainda, podem se apresentar como relações constitutivas materializadas em textos, em que se evidenciam rastros do discurso alheio, compreendidas como relações *intertextuais*. Estas últimas podem, mais uma vez, estabelecerem-se como hibridizações ou fusões entre os aspectos composicionais e estilísticos de outros gêneros discursivos com fins comunicativos, denominadas de relações de *intergenericidade* ou de *intertextualidade intergenérica*. É importante ressaltar que toda intertextualidade pressupõe uma interdiscursividade, embora nem toda interdiscursividade pressuponha uma intertextualidade. É objetivo das próximas seções explorar os conceitos de *interdiscursividade*, *intertextualidade* e *intertextualidade intergenérica*.

4.2.1 A interdiscursividade e a historicidade do discurso

Estamos diante do embate entre formações discursivas ou entre relações polêmicas que se apresentam tematizadas – a partir do conflito entre o discurso conservador da Ação Integralista Brasileira (AIB) e o discurso revolucionário da Aliança Nacional Libertadora (ANL) – nos romances conservadores e nos romances sociais. Vale a pena destacar que longe do esvaziamento das características e peculiaridades de cada um deles, partiremos do fato de que o discurso revolucionário se constrói em oposição ao discurso conservador e vice-versa.

O discurso conservador, em linhas gerais, é caracterizado especialmente pela defesa de um ideal de Estado, pela noção de nação enquanto unidade linguística, cultural e social, por uma postura nacionalista discriminatória e pelo alinhamento aos preceitos e aos valores do cristianismo. Por isso, desde sua origem, a relação com a tríade 'Deus, Pátria, Família', lema do movimento integralista da década de 1930.

Para se convencer disso, sugerimos, apenas por um caráter meramente informativo, a leitura dos discursos de Plínio Salgado ou os escritos das revistas integralistas *Panorama*, de São Paulo, e *Anauê!*, do Rio de Janeiro. Vejamos, dentro dos nossos interesses, como o romance social amadiano dialoga constitutivamente com o discurso conservador:

> [...] O padre o olhou horrorizado. O Cônego levantou-se, estendeu a mão para o padre:
> – Que Deus seja suficientemente bom para perdoar seus atos e suas palavras. O senhor tem ofendido a Deus e à Igreja. Tem desonrado as vestes sacerdotais que leva. Violou as leis da Igreja e do Estado. Tem agido como um comunista. Por isso nos vemos obrigados a não lhe

> dar tão cedo a paróquia que o senhor pediu. Vá (agora sua voz voltava a ser doce, mas de uma doçura cheia de resolução, uma doçura que não admitia réplicas), penitencie-se dos seus pecados, dedique-se aos fiéis da igreja em que trabalha e esqueça essas ideias comunistas, senão, teremos que tomar medidas mais sérias. O senhor pensa que Deus aprova o que está fazendo? Lembre-se que a sua inteligência é muito pequena, o senhor não pode penetrar nos desígnios de Deus... (Amado, 2008, p. 155).

Atentemos para o fato de o discurso do Cônego da Igreja Católica nos remeter a memórias discursivas: a ideia de contrato e ao alinhamento a dogmas e preceitos religiosos. Com isso, constatamos a existência de uma defesa de liberdade abstrata, orientada pelos interesses de grupos religiosos hegemônicos e compartilhada por aqueles que se apresentam alinhados aos valores cristãos. Há uma postura peremptória e incondicional, um ar de superioridade na mesma medida em que se rechaça os mais vulneráveis, os sujeitos que se encontram nas zonas da segregação e da exclusão.

Essa configuração discursiva é da ordem do acabamento e da interdição do debate, pois não se permite o diálogo ou questionamentos. Fica evidente, nas lições de Bakhtin, que o trecho em exame ativa uma memória discursiva do discurso conservador, com quem dialoga o texto em estudo, e a partir de quem se constitui. Conclui-se que o romance social, por sua natureza, não existiria sem seu par antagônico, nessa relação polêmica estabelecida e necessária com o cânone burguês.

É importante deixarmos demarcado de que conotação semântica estamos nos referindo ao citarmos o termo "revolucionário". O sistema linguístico é autônomo em relação às formações sociais, o que implica dizer que as unidades da língua podem ser realizadas por diferentes grupos sociais, com distintas formações ideológicas e discursivas (Fiorin, 1988b). Por essa razão, é necessário reconhecer a classe social (seja no nível econômico, político e ideológico) a que pertençam o enunciador e o enunciatário, sempre como uma imagem discursiva, um *ethos* (não como sujeitos de carne e osso), para que possamos abstrair o estatuto de valor resultante da análise interna na formação ideológica do sujeito da enunciação. Pois, como adverte

Barros (2001, p. 148), "para conhecer a dimensão sócio-histórica do discurso é preciso determinar os 'efeitos' de classe", o que significa considerar o contexto de produção e recepção do texto.

Sabemos, de acordo com a análise interna do texto, sobre a concepção de liberdade abordada em *Capitães da Areia*. Trata-se da liberdade como possibilidade de escolha entre alternativas concretas, oposta à concepção liberal de liberdade abstrata, formal e idealista. Ora, assumir a liberdade dentro desses domínios significa considerar o discurso revolucionário como aquele que visa à transformação do modelo socioeconômico capitalista em um sistema processual de extinção de classes. Podemos considerar que o sujeito da enunciação se alinha aos preceitos do materialismo histórico-dialético, aos valores socialistas e comunistas tal como evidenciados nos ideais marxistas. É o que podemos verificar no seguinte trecho retirado do capítulo Os *atabaques ressoam como clarins de guerra*:

> A revolução chama Pedro Bala como Deus chamava Pirulito nas noites do trapiche. É uma voz poderosa dentro dele, poderosa como a voz do mar, como a voz do vento, tão poderosa como uma voz sem comparação. Como a voz de um negro que canta num saveiro o samba que Boa-Vida fez:
> *Companheiros, chegou a hora...*
> A voz o chama. Uma voz que o alegra, que faz bater seu coração. Ajudar a mudar o destino de todos os pobres. Uma voz que atravessa a cidade, que parece vir dos atabaques que ressoam nas macumbas da religião ilegal dos negros. Uma voz que vem com o ruído dos bondes onde vão os condutores e motorneiros grevistas. Uma voz que vem do cais, do peito dos estivadores, de João de Adão, de seu pai morrendo num comício, dos marinheiros dos navios, dos saveiristas e dos canoeiros. Uma voz que vem do grupo que joga a luta da capoeira, que vem dos golpes que o Querido-de-Deus aplica. Uma voz que vem mesmo do padre José Pedro, padre pobre de olhos espantados diante do destino terrível dos Capitães da Areia. Uma voz que vem das filhas-de-santo do candomblé de Don'Aninha, na noite que a polícia levou Ogum. Voz que vem do trapiche dos Capitães da Areia. Que vem do reformatório e do orfanato. Que vem do ódio do Sem-Pernas se atirando do elevador para não se entregar. Que vem no trem da Leste Brasileira, através

do sertão, do grupo de Lampião pedindo justiça para os sertanejos. Que vem de Alberto, o estudante pedindo escolas e liberdade para a cultura. Que vem dos quadros de Professor, onde meninos esfarrapados lutam naquela exposição da rua Chile. Que vem de Boa-Vida e dos malandros da cidade, do bojo dos seus violões, dos sambas tristes que eles cantam. Uma voz que vem de todos os pobres, do peito de todos os pobres. Uma voz que diz uma palavra bonita de solidariedade, de amizade: companheiros. Uma voz que convida para a festa da luta. Que é como um samba alegre de negro, como ressoar dos atabaques nas macumbas. Voz que vem da lembrança de Dora, valente lutadora. Voz que chama Pedro Bala. Como a voz de Deus chamava Pirulito, a voz do ódio o Sem-Pernas, como a voz dos sertanejos chamava Volta Seca para o grupo de Lampião. Voz poderosa como nenhuma outra. Porque é uma voz que chama para lutar por todos, pelo destino de todos, sem exceção. Voz poderosa como nenhuma outra. Voz que atravessa a cidade e vem de todos os lados. Voz que traz com ela uma festa, que faz o inverno acabar lá fora e ser a primavera. A primavera da luta. Voz que chama Pedro Bala, que o leva para a luta. Voz que vem de todos os peitos esfomeados da cidade, de todos os peitos explorados da cidade. Voz que traz o bem maior do mundo, bem que é igual ao sol, mesmo maior que o sol: a liberdade. A cidade no dia de primavera é deslumbradoramente bela. Uma voz de mulher canta a canção da Bahia. Canção da beleza da Bahia. Cidade negra e velha, sinos de igreja, ruas calçadas de pedra. Canção da Bahia que uma mulher canta. Dentro de Pedro Bala uma voz o chama: voz que traz para a canção da Bahia, a canção da liberdade. Voz poderosa que o chama. Voz de toda a cidade pobre da Bahia, voz da liberdade. A revolução chama Pedro Bala (Amado, 2008, p. 266-267; grifo do autor).

Esse momento do romance sintetiza a oposição com a qual estamos trabalhando. O narrador nos apresenta a atração de Pedro Bala pela revolução social, por um desejo de nova organização econômica e política. Nesse caso, a ênfase recai sobre a coletividade, a classe proletária, na afirmação da transformação da realidade. Observe como somos comandados pelo poder da interdiscursividade, pois ela nos permite reconhecer, no embate discursivo entre formações discursivas, os valores compartilhados pelo sujeito da enunciação, que são os valores e anseios de um período histórico datado, a década de 1930.

Em seu projeto estético e ideológico, o romance social amadiano, então, é organizado com um efeito discursivo específico: a adesão do nascente proletariado brasileiro ao engajamento político-partidário. Arriscamos dizer que por não se levar em conta essa relação interdiscursiva, muito se critica ou diminui a importância dos romances sociais ao longo do tempo, muitas vezes rotulados e reduzidos a "proselitismo ideológico" e à "literatura de pouca qualidade estética e moral". Porém, só se compreende essas questões quando é levada em consideração a historicidade discursiva, essa luta de forças estéticas e ideológicas opostas e contraditórias com que a obra se mostra engajada.

4.2.2 Intertextualidade e intergenericidade: diálogos e profusões

Bakhtin (2011) define o texto como unidade básica de comunicação social e compreende os gêneros textuais (ou discursivos) como tipos relativamente estáveis de enunciados que cumprem determinadas funções em esferas de ação sociocomunicativa e se organizam em torno de aspectos composicionais, temáticos e estilísticos. Logo, as práticas sociais e os eventos de que participamos são orientados pela capacidade de reconhecimento e de apreensão desses aspectos que participam constitutivamente da construção dos gêneros e, consequentemente, de sua configuração de sentido.

Entende-se os aspectos composicionais como o modo de estruturação do texto, ou seja, como a distribuição dos elementos formais que compõem e caracterizam um gênero específico. Os aspectos temáticos, por sua vez, são compreendidos como os sentidos atrelados à identidade do gênero textual, não como tema ou assunto específico adotado por determinado enunciado. Já os aspectos estilísticos, por fim, dizem respeito à escolha dos elementos linguístico-discursivos que compõem o texto e constroem uma determinada imagem do sujeito da enunciação (*ethos*). Portanto estão relacionados às marcas de acabamento de acordo com a organização lexical-morfológica-sintática-semântica-discursiva do texto (Fiorin, 2011).

Se se pretende compreender o primado da intergenericidade como relações de transgressões entre as fronteiras de gêneros, é preciso considerar que os aspectos composicionais atuam para diversificar a estrutura de um gênero consolidado, que, enquanto projeção de discursividades, permite dar a representação de seu desenvolvimento, como apontamos. Isso é possível porque nenhum gênero é marcado totalmente pela pureza genérica, apesar de gêneros textuais manterem em certo equilíbrio as composições formais que lhes são inerentes. Porém, em diferentes gêneros discursivos, é possível sobredeterminar outros com finalidades comunicativas, como bem faz Jorge Amado em diferentes pontos do romance.

É a isso que queria chegar a definição de gêneros textuais de Bakhtin (2011), anteriormente enunciada como *tipos relativamente estáveis de enunciados que cumprem determinadas funções em esferas de ação sociocomunicativa*. Segundo o relativismo bakhtiano dos gêneros textuais, a mutabilidade, muito além de seu aspecto histórico e evolutivo, pode estar relacionada às características artísticas, estéticas e discursivas que demarcam imbricações e ajustamentos de textos com fins comunicativos específicos. No texto amadiano é possível reparar toda a primazia da potencialidade simbólica e criativa da intergenericidade, porque a literatura, enquanto representação verbal da realidade por excelência, permite maior flexibilidade artística. Afirmamos, então, que a intergenericidade em *Capitães da Areia*, marcada pela presença de notícias e cartas no romance, configura uma regulamentação gramatical a favor de um diálogo inter-relacional que é condutor da obra e que apresenta fatos ocorridos ou elaborados como ocorridos.

A propósito, se considerarmos a intertextualidade como o procedimento em que "qualquer texto se constrói como um mosaico de citações e é absorção e transformação de outro texto" (Kristeva, 1974, p. 64), podemos refletir sobre como as extrações que o enunciador busca para construir o romance estão imbricadas a diferentes processos intertextuais. Por não termos acesso aos textos fontes devido à distância e ao registro histórico, não sabemos até que ponto essas extrações são reflexos de intertextualidades implícitas. Sabemos, no entanto, de certos indícios que revelam possíveis diálogos entre, por exemplo, o *Jornal da Tarde* e o *Jornal A Tarde*, diário do estado da Bahia em circulação desde 1912, ou, ainda, da intertextualidade *crossover*[16] dos personagens Lampião, Volta Seca, Don'Aninha, Maria Cabaçu e Rosa Palmeirão, que aparecem também em outros romances amadianos ou em gêneros como o cordel, o repente e notícias da época.

Sabemos, por exemplo, que Volta Seca (Figura 7), com apenas 11 anos de idade, foi o mais jovem cangaceiro do bando de Lampião. No romance, o personagem, de mesmo nome, é considerado afilhado do rei do cangaço e, ao desenrolar da narrativa, integra o bando do cangaceiro nordestino. Em 1937, o próprio cangaceiro, ao tomar ciência do romance *Capitães da Areia* e ao saber das declarações de Jorge Amado em veículos de informação da época sobre a importância secundária de seu personagem, prometeu fazer o romancista "engolir" as páginas do jornal onde havia dado a declaração. Vejamos o momento em que se narra o encontro de Volta Seca com Lampião no romance:

> Cheiro bom de comidas de milho e mandioca. Homens magros que lavram a terra para ganhar mil e quinhentos dos donos da terra. Só caatinga é que é de todos, porque Lampião libertou a caatinga expulsou os homens ricos da caatinga, fez da caatinga a terra dos cangaceiros que lutam contra os fazendeiros. O herói Lampião, herói de todo o sertão de cinco estados. Dizem que ele é um criminoso, um cangaceiro sem coração, assassino, desonrador, ladrão. Mas para Volta Seca, para os homens, as mulheres e as crianças do sertão é um novo Zumbi dos Palmares, ele é um libertador, um capitão de um novo exército. Porque a liberdade é como o sol, o bem maior do mundo. E Lampião luta, mata, deflora e furta pela liberdade. Pela liberdade e pela justiça para os homens explorados do sertão imenso de cinco estados: Pernambuco, Paraíba, Alagoas, Sergipe e Bahia...
> [...] O trem para no meio da caatinga. Volta Seca pula fora do vagão. Os cangaceiros apontam os fuzis, o caminhão que os trouxe está parado no outro lado da estrada, os fios do telégrafo cortados. Na caatinga agreste não se vê ninguém. Uma moça desmaia num dos carros, um caixeiro-viajante esconde a carteira com dinheiro. Um coronel gordo sai do vagão, fala:
> – Capitão Virgulino...

---

[16] A intertextualidade *crossover* pode ser compreendida como a relação estabelecida entre personagens que se cruzam em distintas narrativas.

O cangaceiro de óculos aponta o fuzil:
– Para dentro.
Volta Seca pensa que seu coração vai estalar de alegria. Encontrou seu padrinho, Virgulino Ferreira Lampião, herói das crianças sertanejas. Chega para junto dele, um outro cangaceiro o quer afastar, mas ele diz:
– Meu padrim...
– Quem é tu?
– Sou Volta Seca, filho de tua comadre...
Lampião o reconhece, sorri. Os cangaceiros estão entrando nos vagões de primeira, não são muitos, uns doze. Volta Seca pede:
– Meu padrim, deixe eu ficar com você... Me dê um fuzil.
– Tu ainda é um menino...
– Lampião olha com seus óculos escuros.
– Não sou mais não, já briguei com soldado...
Lampião grita:
– Zé Baiano, dá um fuzil a Volta Seca... Olha o afilhado
– Tu guarda esta saída. Se um quiser arribar, mete fogo.
Entra para a coleta. Desmaios e gritos lá dentro, o soar de um disparo. Depois o grupo volta para a estrada. Traz dois soldados de polícia que viajavam no trem. Lampião divide dinheiro com os cangaceiros. Volta Seca também recebe. De um vagão sai um fio de sangue. O cheiro bom do sertão penetra as narinas de Volta Seca... (Amado, 2008, p. 247-249).

Figura 7 – Volta Seca, o cangaceiro

Fonte: Aventuras na História (UOL)

Outro ponto curioso diz respeito ao fato de realmente ter existido um grupo de menores abandonados em Salvador, denominado de Capitães da Areia, o que nos leva a pressupor notícias que tematizassem a questão das crianças órfãs. Vejamos como o próprio Jorge Amado descreve esse grupo em Bahia de Todos os Santos (1970), um guia das ruas e dos mistérios sobre a "cidade da Bahia":

> Os molecotes atrevidos, o olhar vivo, o gesto rápido, a gíria de malandro, os rostos chapados de fome, vos pedirão esmola. Praticam também pequenos furtos. Há quase oito anos escrevi um romance sobre eles, os 'Capitães da Areia'. Os que conheci naquela época são hoje homens feitos, malandros do cais, com cachaça e violão, operários de fábrica, ladrões fichados na polícia, mas os 'Capitães da Areia' continuam a existir, enchendo as ruas, dormindo ao léu. Não são um bando surgido ao acaso, coisa passageira na vida da cidade. É um fenômeno permanente, nascido da fome que se abate sobre as classes pobres. Aumenta diariamente o número de crianças abandonadas. Os jornais noticiam constantes malfeitos desses meninos que têm como único corretivo as surras na polícia, os maus tratos sucessivos. Parecem pequenos ratos agressivos, sem medo de coisa alguma, de choro fácil e falso, de inteligência ativíssima, soltos de língua, conhecendo todas as misérias do mundo numa época em que as crianças ricas ainda criam cachos e pensam que os filhos vêm de Paris no bico de uma cegonha. Triste espetáculo das ruas da Bahia, os 'Capitães da Areia'. Nada existe que eu ame com tão profundo amor quanto estes pequenos vagabundos, ladrões de onze anos, assaltantes infantis, que os pais tiveram de abandonar por não ter como alimentá-los. Vivem pelo areal do cais, por sob as pontes, nas portas dos casarões, pedem esmolas, fazem recados, agora conduzem americanos ao mangue. São vítimas, um problema que a caridade dos bons de coração não resolve. Que adiantam os orfanatos para quinze ou vinte? Que adiantam as colônias agrícolas para meia dúzia? Os 'Capitães da Areia' continuam a existir. Crescem e vão embora mas já muitos outros tomaram os lugares vagos. Só matando a fome dos pais pode-se arrancar à sua desgraçada vida essas crianças sem infância, sem brinquedos, sem carinhos maternais, sem escola, sem lar e sem comida. Os 'Capitães da Areia', esfomeados e intrépidos! (Amado, 1970, p. 108).

Esses exemplos parecem suficientemente significativos para que possamos destacar a pertinência dos aspectos interdiscursivos e intertextuais, a partir dos quais é possível apreender a realidade histórica de produção e recepção do texto. Mais do que isso, desvelamos, nessa postura analítica, tão somente a integração dos aspectos imanentistas e ideológicos que atuam conjuntamente no processo de construção do romance. O fato de que o discurso apareça como relações de discursividades, que se revelam desde sua interdiscursividade constitutiva, não deixa de colocar o problema de sua organização interna senão como estatuto ordenador da forma de organização da significação. Esperamos que alguns momentos deste livro, disparatados à primeira vista, tenham permitido talvez entrever, se não a solução, pelo menos as direções da conciliação entre a análise estrutural e a análise ideológica.

Considerações finais

Em 2037, quando completará 100 anos de sua publicação, *Capitães da Areia* continuará engajado, polêmico e participante, sobretudo quando observamos acentuadas estratégias de criminalização da pobreza e as políticas de desigualdade que envolvem crianças e adolescentes em situação de rua.

Nesse sentido, a escavação semiótica aqui feita mostra uma lógica de dupla estigmatização social de crianças e adolescentes em situação de rua em *Capitães da Areia*: a invisibilidade e a (ultra) visibilidade. Não é sem razão que essa lógica esteja articulada às bases do *menorismo* e do *punitivismo*, que sedimentam e constituem os discursos contrários aos direitos humanos de crianças e adolescentes no Brasil e que podem ser evidenciadas, por isso mesmo, no discurso favorável à redução da maioridade penal na atualidade.

Extraímos essa verificação da exclusão como sanção pragmática operacionalizada pelo Estado Penal, resultante do esvaziamento da condição humana, da desconstrução e do apagamento das identidades que fabricam o outro como sujeito digno de abjeção, como inimigo. Para tanto, vimos que os aparelhos ideológicos, especialmente a imprensa, trabalham sistematicamente com a finalidade de garantir a sustentabilidade negacionista, a invisibilização da população em situação de rua e, por conseguinte, a execução sumária desses sujeitos por meio da sensação de medo e de terror provocada pelo regime de mistificação.

Por outro lado, constatamos que os meninos em situação de rua se apresentam como sujeitos políticos, emancipados da noção de humanização e liberdade abstrata vista pelo princípio da propriedade privada e do acúmulo de capital, por estarem alinhados à possibilidade concreta de escolha entre categorias reais, na esteira do materialismo histórico-dialético, que subjaz ao romance. Daí um regime de constituição dos personagens entre, de um lado, a *humanização* e a *mistificação*, e, de outro, entre a *inanição* e a *abjeção*, que marcam a luta de classe entre burgueses e classe trabalhadora.

Ocorre do processo de fabricação do inimigo a consolidação de um sistema de identificação e um princípio de unidade com aqueles que desvalorizam a diferença e um sistema de divergência e assimetria com os diferentes, os "desajustados emocionante". A triagem da triagem busca, na sintaxe extensiva de uma organização tensiva, a ordem do absoluto do destinador sócio-histórico: a branquitude, o esteticismo, o cristianismo etc. A retórica conservadora da sociedade burguesa justifica as operações de exclusão como solução para os problemas da criminalidade e da violência urbana. Na verdade, esconde, por trás de sua configuração, a metodologia aporofóbica de punição dos mais pobres e, por assim mesmo evidenciar, violação de direitos básicos e fundamentais das pessoas em situação de rua, como o direito à vida.

Da semântica narrativa, as imbricações passionais desencadeiam o recalcamento, a frustração, a decepção, a revolta e a visão trágica da realidade, que culminam na cólera e no autoextermínio do personagem Sem-Pernas. Dessubjetivado, busca na ânsia pela tragédia o caminho da autodestruição mútua, sem discriminação de qualquer espécie. É o sujeito que se nutre do desejo de matar ao mesmo tempo em que seu destino é o suicídio. Porém, sua performatividade conspurcada é resultado de uma série de deficiências emocionais que se revelam em suas memórias a partir do acento dos acontecimentos que foram experimentados e registrados no percurso da lembrança. Devido à orientação violenta que o define, o acontecimento se perpetua ao longo do tempo e do espaço e abre espaço para a morte prematura e voluntária na infância.

Nas encruzilhadas da figuratividade, vimos como os esquemas narrativos se concretizam em percursos temáticos e figurativos. Chegamos até mesmo a constatar o esteticismo e o burguesismo como parâmetros de diferenciação entre as *práxis* burguesa e proletária/*lumpemproletariada*. Nesse último caso, encontram-se sedimentados os percursos figurativos da pobreza, da vulnerabilidade social e racial e da invisibilidade, de um lado; e os percursos figurativos da marginalidade, da demonização e da (ultra)visibilidade, de outro. Trata-se tão somente dos marcadores de opressão que estabelecem as diferenças entre os sujeitos de direitos e os de não direitos, como vimos a partir do maniqueísmo seletivo e dos eixos semânticos estabelecidos entre o bom (pureza, retidão, branquitude, alinhamento) e o mau (sujeira, sexo, escuridão e tortuosidade).

Há ainda toda uma articulação de espaços, movimentos e instituições na instalação de parâmetros de diferenciações ao longo de todo romance. Assentam-se nessa lógica, por exemplo, a dimensão socioespacial (Cidade Alta *versus* Cidade Baixa); as religiosidades (religiões de matrizes africanas *versus* Catolicismo) e as discursividades (discursos centrípetos *versus* discursos centrífugos). Aliás, constatamos uma linguagem carnavalizada e, mais do que isso, uma "configuração discursiva exuzesca", amalgamada na mutabilidade e na adaptabilidade dos modos de dizer do povo encruzilhado em sua dinâmica real e concreta. Muito além, encontramos aproximações semânticas que permitem assegurar equivalências entre Exu e os Capitães da Areia, em especial pelo compartilhamento da representação demoníaca não só associada à divindade afro-atlântica, mas também à população em situação de rua.

Com essa dinâmica é que o narrador onisciente estrategista se apresenta com toda sua potencialidade mediadora. É ele, mais que ninguém, que evidencia as perspectivas conflitantes, sempre detendo um conhecimento ilimitado sobre o universo ficcional. Seu engajamento é um só: humanizar os desumanizados, mostrar outros pontos de intersecção e interpretações possíveis, criar ambiguidades e revelar contradições. Para isso, recorre à sua capacidade de mobilidade e ubiquidade, esconde-se por trás do narrador certas vezes, confunde-se com os personagens por meio do discurso indireto livre em outros casos. Tudo para mostrar controle total da cena enunciativa e, assim, atuar no processo argumentativo do discurso.

Já nas interfaces sócio-históricas, apreendidas pelos processos interdiscursivos e intertextuais, compreendemos a relação polêmica dada entre o discurso conservador, representado pela Ação Integralista Brasileira (AIB), e o discurso revolucionário, representado pela Aliança Nacional Libertadora (ANL), que produziram romances conservadores (burgueses e religiosos) e romances sociais (proletários e intencionais), respectivamente. Esses últimos com um efeito discursivo específico: a adesão do nascente proletariado brasileiro à causa comunista na década de 1930, época marcada por ebulições sociais e transformações políticas no mundo todo. É justamente nesse ponto que acreditamos residir a importância da obra aqui analisada, aspecto menosprezado, soterrado no silêncio e na indiferença ao longo dos anos em nossas academias e centros de pesquisa.

Jorge Amado talvez tenha sido um dos maiores intérpretes do nosso país no campo da literatura exatamente por se deter aos aspectos seminais de nossa hierarquia social, que nos faz uma sociedade de contradição, de ambiguidades e de fraturas e choques nocivos. Ele mesmo, contraditoriamente, será um dos principais defensores da mistura no campo da mestiçagem e do sincretismo religioso, que se evidenciam melhor em sua segunda fase de produção literária. Porém aqui parece inegável a descontinuidade do romance *Capitães da Areia* com a noção "democrática e cordial" da sociedade brasileira, que permeia a construção de uma identidade nacional por meio da literatura.

De qualquer forma, a constatação é esclarecedora e pode auxiliar na promoção e na valorização de uma educação para os Direitos Humanos. Não se deve esquecer de problemas urgentes à luz dos nossos tempos: o aumento da fome; a criminalização da pobreza; o recrudescimento de pessoas em situação de rua; a atuação do Estado Penal em periferias brasileiras; o racismo; a colonização; o discurso favorável à redução da maioridade penal; o avanço de ondas neofascistas; entre outros.

Um conhecimento mais bem fundamentado dessa obra, sem nenhuma dúvida, permite situar, se não a solução e resolução de nossos problemas, os primeiros passos ainda em curso de uma prática científica diretamente relacionada à nossa realidade e uma cultura comprometida com a garantia de direitos básicos e fundamentais.

Referências[17]

ABDALA JÚNIOR, Benjamin. **O romance social brasileiro**. São Paulo: Scipione, 1993.

AGUIAR, Josélia. **Jorge Amado**: uma biografia. São Paulo: Todavia, 2018.

ALTHUSSER, Louis. Ideologia e aparelhos ideológicos do Estado. In: ZIZEK, Slavoj. **Um mapa da ideologia**. Rio de Janeiro: Contraponto, s/d. p. 105-142.

ALVES, José Cláudio Souza. **Dos barões ao extermínio**: uma história da violência na Baixada Fluminense. Rio de Janeiro: Consequência, 2020.

AMADO, Jorge. **Capitães da Areia**. São Paulo: Companhia das Letras, 2008 [1937].

AMADO, Jorge. **Jubiabá**. São Paulo: Companhia das Letras, 2008 [1935].

AMADO, Jorge. **Cacau**. São Paulo: Companhia das Letras, 2008 [1993].

AMADO, Jorge. **Bahia de Todos os Santos**. São Paulo: Martins, 1970 [1944].

BAKHTIN, Mikhail. **Estética da criação verbal**. Tradução de Paulo Bezerra. São Paulo: Martins Fontes, 2011.

BAKHTIN, Mikhail. **Marxismo e filosofia da linguagem**: problemas fundamentais do método sociológico na ciência da linguagem. Tradução de Michel Lahud e Yara Frateschi Vieira. 13. ed. São Paulo: Hucitec, 2009.

BAKHTIN, Mikhail. **Problemas da poética de Dostoievski**. Tradução de Paulo Bezerra). Rio de Janeiro: Forense Universitária, 1981.

BAKHTIN, Mikhail. **A cultura popular na Idade Média e no Renascimento**: o contexto da obra de François Rabelais. Tradução de Yara Frateschi Vieira. Brasília: Editora da Universidade de Brasília, 1987.

BARROS, Diana Luz Pessoa de. **Teoria semiótica do texto**. São Paulo: Ática, 1999.

BARROS, Diana Luz Pessoa de. **Teoria do discurso**: fundamentos semióticos. São Paulo: Humanitas, 2001.

---

[17] De acordo com a Associação Brasileira de Normas Técnicas (ABNT NBR 6023).

BARROS, Diana Luz Pessoa de. Intolerância, preconceito e exclusão. In: LARA, Glaucia Muniz P.; LIMBERTI, Rita de Cássia P. (org.). **Discurso e (des)igualdade social**. Contexto: São Paulo, p. 61-78, 2015.

BARROS, Diana Luz Pessoa de. Preconceito e intolerância em gramáticas do português. In: BARROS, Diana Luz Pessoa de; FIORIN. José Luiz (org.). **A fabricação dos sentidos**: estudos em homenagem a Izidoro Bliktein. São Paulo: Paulistana/Humanitas, 2008.

BARROS, Diana Luz Pessoa de. Publicidade e figurativização. **Alfa – Revista de Linguística**, São Paulo, v. 48, n. 2, p. 11-31, 2004.

BARROS, Diana Luz Pessoa de. As fake News e as "anomalias". **Verbum**, São Paulo, v. 2, n. 9, p. 26-41, 2020.

BARROS, Mariana Luz Pessoa de. Lembrar, esquecer, memorizar, rememorar: memória e modos de existência. **Galáxia**, São Paulo, n. 33, p. 49-62, 2016. Disponível em: https://revistas.pucsp.br/index.php/galaxia/article/view/25835. Acesso em: 25 nov. 2021.

BASTIDE, Roger. Sobre o romancista Jorge Amado. In: MARTINS, José de Barros (org.). **Jorge Amado povo e terra**: 40 anos de literatura. São Paulo: Martins, 1972. p. 39-69.

BARTHES, Roland. Análise textual de um conto de Edgar Poe. In: CHARBOL, Claude (org.). **Semiótica narrativa e textual**. Tradução de Leyla Perrone Moisés, Jesus Antônio Durigan e Edward Lopes. São Paulo: Cultrix/Edusp, 1977.

BENVENISTE, Emile. **Problemas de linguística geral II**. Campinas: Pontes, 1989.

BERTRAND, Denis. **Caminhos da semiótica literária**. Tradução de Grupo Casa. Bauru: Editora da Universidade de Caxias do Sul, 2003.

BLIKSTEIN, Izidoro. **Semiótica e totalitarismo**. São Paulo: Contexto, 2020.

BLIKSTEIN, Izidoro. O aniquilamento do corpo em Auschwitz: análise semiótica do relato do Primo Levi. **Ide**, São Paulo, v. 39, n. 62, p. 135-146, 2016.

BOBBIO, Norberto. **A era dos direitos**. Tradução de Claudio Nelson Coutinho. Rio de Janeiro: Elsevier, 2004.

BRASIL. **Lei n.º 17943 – A**, de 12 de outubro de 1927. Dispõe sobre o Código de Menores de 1927. Disponível em: http://www.planalto.gov.br/ccivil_03/decreto/1910-1929/d17943a.htm. Acesso em: 20 jan. 2022.

CÂNDIDO, Antônio. **Literatura e sociedade**. São Paulo: Companhia Editora Nacional, 1965.

CHAUÍ, Marilene. **O que é ideologia?** São Paulo: Brasiliense, 2008.

CORTINA, Adela. **Aporofobia, a aversão ao pobre**: um desafio para a democracia. São Paulo: Contracorrente, 2020.

COUTO, Mia. "Noites de Leituras" de Jorge Amado. **Entrevista**. São Paulo. 25 mar. 2008.

DISCINI, Norma. **Corpo e estilo**. São Paulo: Contexto, 2020.

DISCINI, Norma. Da presença sensível. **Casa – Caderno de Semiótica Aplicada**, v. 8, n. 2, p. 1-27, 2010. Disponível em: http://seer.fclar.unesp.br/casa/article/view/3330/3054. Acesso em: 3 maio 2022.

DUARTE, Eduardo Assis. **Jorge Amado**: romance em tempo de utopia. Rio de Janeiro: Record; Natal: Editora da Universidade Federal do Rio Grande do Norte, 1996.

DUNKER, Christian Ingo Lenz. A pena de Maat e a escuta trágica do suicídio. In: Iannini, Gilson (org.). **Vamos falar sobre suicídio?** São Paulo: Cult, 2021, p. 19-33.

FAUSTO, Boris. **História do Brasil**. São Paulo: Editora da Universidade de São Paulo, 2006.

FERNANDES, Florestan. **O negro no mundo do branco**. São Paulo: Global, 2007.

FIORIN, José Luiz. **As astúcias da enunciação**: as categorias de pessoa, espaço e tempo. São Paulo: Contexto, 2016.

FIORIN, José Luiz. **Linguagem e ideologia**. São Paulo: Ática, 1988a.

FIORIN, José Luiz. **O regime de 1964**: discurso e ideologia. São Paulo: Atual, 1988b.

FIORIN, José Luiz. **Elementos de análise do discurso**. São Paulo: Contexto, 2018.

FIORIN, José Luiz. **Introdução ao pensamento de Bakhtin**. São Paulo: Ática, 2011.

FIORIN, José Luiz. Enunciação e comunicação. In: FIGARO, Roseli (org.). **Comunicação e análise do discurso**. São Paulo: Contexto, 2015. p. 45-78.

FIORIN, José Luiz. A construção da identidade nacional brasileira. **Bakhtiniana – Revista de Estudos do Discurso**, São Paulo, v. 1, n. 1, p. 115-126, 2009. Disponível em: file:///C:/Users/Outros/Downloads/3002-Texto%20do%20artigo-6719-1-10-20100617%20(4).pdf. Acesso em: 15 mar. 2021.

FIORIN, José Luiz. A utilização do conceito de cultura em semiótica. **Estudos Semióticos**, São Paulo, v. 17, n. 2, dossiê temático: "A semiótica e a cultura", p. 1-20, 2021. Disponível em: https://www.revistas.usp.br/esse/article/view/182929/175060. Acesso em: 3 fev. 2021.

FIORIN, José Luiz. Semiótica das paixões: o ressentimento. **Alfa – Revista de Linguística**, São Paulo, v. 51, n. 1, p. 9-22, 2007.

FIORIN, José Luiz; DISCINI, Norma. O uso linguístico: a pragmática e o discurso. In: FIORIN, José Luiz (org.). **Linguística? O que é isso?** São Paulo: Contexto, p. 181-203, 2015.

FONTANILLE, Jacques; ZILBERBERG, Claude. **Tensão e significação**. Tradução de Ivã Carlos Lopes, Luiz Tatit, Waldir Beividas. São Paulo: Discurso Editorial/Humanitas, 2001.

FONTANILLE, Jacques. Sémiotique des passions. In: HÉNAULT, Anne (org.). **Questions de sémiotique**. Paris: PUF, 2002. p. 601-637.

FONTANILLE, Jacques. Colère. In: DITCHE, Élisabeth. Rallo.; FONTANILLE, Jacques.; LOMBARDO, Patrizia. **Dictionnaire des passions littéraires**. França: Belin, 2005.

FONTANILLE, Jacques. A conversão mítico-passional. In: LARA, Glaucia M. P.; MACHADO, I. L; EMEDIATO, Wander (org.). **Análises do discurso hoje**. Rio de Janeiro: Nova Fronteira, 2008. p. 93-120.

FUNDAÇÃO CASA DE JORGE AMADO. **Cartaz da campanha de Jorge Amado, PCB**. 1945. Cartaz (acervo da Divisão de Pesquisa e Documentação da Fundação Casa de Jorge Amado).

FUNDAÇÃO CASA DE JORGE AMADO. **Notícia do Jornal da Bahia**: "Incinerados vários livros considerados propagandistas do credo vermelho. s/d. Scanner (acervo da Divisão de Pesquisa e Documentação da Fundação Casa de Jorge Amado).

FUNDAÇÃO CASA DE JORGE AMADO. **Exu, o guardião da Fundação Casa de Jorge Amado**. s/d. Scanner (acervo da Divisão de Pesquisa e Documentação da Fundação Casa de Jorge Amado).

FUNDAÇÃO CASA DE JORGE AMADO. **Bancada comunista**. s/d. Scanner (acervo da Divisão de Pesquisa e Documentação da Fundação Casa de Jorge Amado).

FUNDAÇÃO CASA DE JORGE AMADO. **Ação Integralista Brasileira – AIB**. s/d. Scanner (acervo da Divisão de Pesquisa e Documentação da Fundação Casa de Jorge Amado).

GALVÃO, Patrícia. **Parque industrial**. Porto Alegre; São Carlos: Mercado Aberto; Editora da Universidade Federal de São Carlos, 1994 [1932].

GAZETA DE NOTÍCIAS. **Uma seção de macumba interrompida pela polícia**. 1916. Scanner de jornal (Hemeroteca Digital Brasileira – Gazeta de Notícias – 1875 a 1879).

GENETTE, Gérard. **Figures III**. Paris: Seuil, 1973.

GISI, Bruna. Obstáculos contemporâneos à efetivação dos direitos humanos na Justiça Juvenil e no Sistema Socioeducativo brasileiros. **Relatório dos Direitos Humanos no Brasil**. São Paulo: Núcleo de Estudos da Violência (NEV-USP), 2021. Disponível em: https://nev.prp.usp.br/wpcontent/uploads/2021/10/2021.10_TextoNEVRelatorioDH_BrunaGisi.pdf. Acesso em: 20 nov. 2021.

GREIMAS, Algirdas Julien. **Sobre o sentido**: ensaios semióticos. Petrópolis: Vozes, 1975.

GREIMAS, Algirdas Julien. **Sobre o sentido II**: ensaios semióticos. Tradução de Dilson Ferreira da Cruz. São Paulo: Editora da Universidade de São Paulo, 2014.

GREIMAS, Algirdas Julien; COURTÉS, Joseph. **Dicionário de Semiótica**. São Paulo: Contexto, 2008.

GREIMAS, Algirdas Julien; FONTANILLE, Jacques. **Semiótica das paixões**. São Paulo: Ática, 1993.

HJELMSLEV, Louis. **Prolegômenos a uma teoria da linguagem**. São Paulo: Perspectiva, 1975.

HART, Rosane. **Da leitura literária e suas invisibilidades**: o lugar de Jorge Amado. 2019. 369f. Tese (Doutorado em Literatura) – Centro de Comunicação e Expressão, Universidade Federal de Santa Catarina, Florianópolis, 2019.

IACONELLI, Vera. Apresentação. Dossiê: parentalidade e vulnerabilidades: condições, impasses e saídas no exercício da parentalidade em nossa época. **Cult**, São Paulo, ano 22, ed. 251, p. 20-22, 2019.

KRISTEVA, Julia. **História da linguagem**. Lisboa: Portugal, 1969.

KRISTEVA, Julia. **Introdução à Semanálise**. Tradução de Lucia Helena França Ferraz. São Paulo: Perspectiva, 1974.

LAFETÁ, João Luiz. **1930**: a crítica e o modernismo. São Paulo: Duas Cidades/Editora 34, 2000.

LANDOWSKI, Eric. **Presenças do outro**. Tradução de Mary Amazonas Leite de Barros). São Paulo: Perspectiva, 2012.

LIMA, Eliane Soares. A semiótica das paixões e a análise da dimensão passional dos enunciados. **Revista de Estudos da Linguagem**, Belo Horizonte, v. 25, n. 2, p. 841-871, 2017. Disponível em: http://www.periodicos.letras.ufmg.br/index.php/relin/article/view/10353. Acesso em: 13 dez. 2021.

LUKÁCS, György. **Histoire et conscience de classe**. Essais de dialectique marxiste. Paris: Minuit, 1960.

McCOMBS, Maxwell. **Setting the agenda**: the mass media and public opinion. Cambridge: Polity Press, 2004.

NASCIMENTO, Abdias. **O genocídio do negro brasileiro**: processo de um racismo mascarado. São Paulo: Perspectivas, 2016.

NOGUEIRA, André. Cangaceiro aos 11 anos de idade: conheça Volta Seca, o homem do bando de Lampião. **Aventuras na História**, São Paulo, 20 jun. 2020. Disponível em: https://aventurasnahistoria.uol.com.br/noticias/reportagem/cangaceiro-aos-11-anos-de-idade-conheca-volta-seca-o-homem-do-bando-de-lampiao.phtml. Acesso em: 1 nov. 2022.

NOGUEIRA, Sidnei. **Intolerância religiosa**. São Paulo: Jandaira, 2020.

PIETROFORTE, Antônio Vicente. **Análise do texto visual**: a construção da imagem, São Paulo: Contexto, 2020.

PIETROFORTE, Antônio Vicente. **A significação musical**: um estudo semiótico da música instrumental erudita. São Paulo: Annablume, 2015.

POLITZER, Georges; BESSE, Guy; CAVEING; Maurice. **Princípios fundamentais de filosofia**. São Paulo: Hemus, 1954.

PORTELA, Jean Cristtus. Semiótica e Ideologia. **Revista do Gel**, São Paulo, v. 16, n. 1, p. 11. 2019.

PORTELLA, Eduardo. A fábula em cinco tempos. In: MARTINS, José de Barros (org.). **Jorge Amado, povo e terra**: 40 anos de literatura. São Paulo: Martins, 1972. p. 71-84.

PREFEITURA DE SÃO PAULO. **Censo 2021 da população em situação de rua**. 2021. São Paulo. Disponível em: https://app.powerbi.com/view?r=eyJrIjoiZWE4MTE5MGItZjRmMi00ZTcyLTgxOTMtMjc3MDAwMD-M0NGI5IiwidCI6ImE0ZTA2MDVjLWUzOTUtNDZlYS1iMmE4LThlN-jE1NGM5MGUwNyJ9. Acesso em: 23 jan. 2021.

PROPP, Vladimir. **Morfologia do conto maravilhoso**. Rio de Janeiro: Forense Universitária, 1984.

RAMOS, Graciliano. **Vidas secas**. Rio de Janeiro: Record, 2018 [1933].

RIBEIRO, Djamila. **Pequeno manual antirracista**. São Paulo: Companhia das Letras, 2019.

RICOEUR, Paul. **Do texto à ação**: ensaios de hermenêutica II. Porto: Rés, 1986.

RICOEUR, Paul. **Tempo e narrativa**. Tradução de Claudia Berliner e Márcia Valéria Martinez de Aguiar. São Paulo: WMF Martins Fontes, 2010.

SAUSSURE, Ferdinand. **Curso de linguística geral**. Tradução de Antônio Chelini, José Paulo Paes, Izidoro Blikstein. São Paulo: Cultrix, 2012.

SILVA, Luiz Antônio Machado da. Sociabilidade violenta: por uma interpretação da criminalidade contemporânea no Brasil urbano. **Sociedade e Estado**, Brasília, v. 19, n. 1, p. 53-84, 2004.

SILVA, Vagner Gonçalves. **Candomblé e umbanda**: caminhos da devoção brasileira. São Paulo: Selo Negro, 2005.

SILVA, Vagner Gonçalves. **Exu**: um deus afro-atlântico no Brasil. São Paulo: Editora da Universidade de São Paulo, 2022.

SILVA, Vagner Gonçalves. Jorge, Amado de Exu, e vice-versa. *In*: DAIBERT JR, Robert; DAIBERT, Bárbara Simões (org.). **Nas bolsas de mandinga**: religiosidades afro-brasileiras em narrativas literárias. Juiz de Fora: Editora do Museus de Artes Murilo Mendes - Universidade Federal de Juiz de Fora, 2016. p. 137-162.

TATIT, Luiz. **Semiótica à luz de Guimarães Rosa**. São Paulo: Ateliê, 2010.

TROTSKY, Leon. **Literatura e revolução**. Rio de Janeiro: Zahar Editores, 1989.

UCHOA, Pablo. Capitães da Areia: o dia em que o Estado Novo queimou um dos maiores clássicos da literatura brasileira. **BBC Brasil**, Londres, 25 nov. 2017. Disponível em: https://www.bbc.com/portuguese/brasil-41969983. Acesso em: 30 abr. 2021.

ZILBERBERG, Claude. **Elementos de semiótica tensiva**. Tradução de Ivã Carlos Lopes, Waldir Beividas e Luiz Tatit. São Paulo: Ateliê, 2011.

ZILBERBERG, Claude. As condições semióticas da mestiçagem. *In*: CAÑIZAL, Eduardo Peñula; CAETANO, Kati Eliana (org.). **O olhar à deriva**: mídia, significação e cultura. São Paulo: Annablume, 2004.